잠박

잠박

이양선 수필집

책머리에

　누에는 알→ 애벌레→ 번데기→ 나방으로 탈바꿈하면서 약 사십오 일을 한살이로 사는 곤충입니다. 봄이 되면서 알에서 애벌레로 깨어나는데 이 시기를 일령이라고 하지요. 누에 허물벗기는 성장하기 위해서 필요한 과정입니다. 삼 일간 뽕잎을 먹고 첫 잠에 들었다가 깨어나 허물을 벗으면 이령 누에가 되지요. 이런 탈피 과정을 네 차례 거쳐야 오령에 이르며 비로소 고치를 짓게 됩니다. 이렇듯 진화를 거듭하는 과정에 누에는 극한의 고통을 느낀다고 합니다. 그 고통의 편린들을 곡진하게 우려낸 체액으로 집을 짓는 누에야말로 진정한 '수필가'라 칭할 수 있을 것입니다. 저도 수필이라는 반듯한 집을 짓기 위해 오령에 이르기를 희망하지만, 그 길이 결코 쉬운 과정이 아니라는 것을 압니다.
　문학의 성지는 조급한 마음으로는 다다르지 못함을 알기에 앞으로도 오랜 시간을 탁마하리라 다짐합니다. 저는 이제 첫 허물을 벗고 나온 이령 누에입니다. 그 여정에 제 안에서 술렁이던 가슴앓이들, 지나치기엔 애틋함이 서린 울림들을 처음 엮으려니 조심스럽습니다. 더 할 것도 덜 할 것도 없는 그대로의 모습을 한 권에 담았습니다.

이 조촐한 집에 머물러 잠시 목을 축이고 가시기를 기원합니다. 건조한 세상 터벅터벅 걷는 걸음에 갈증을 가셔주는 한 모금 샘물이 된다면 제게는 더없는 보람이 되겠습니다.

오늘이 있기까지 이끌어 주신 여러 스승님, 선후배 문우들, 그리고 뒤에서 묵묵히 바라지해준 가족에게 고마움과 사랑을 드립니다.

2013년 가을

이 양 선

차 례

책머리에 4

1. 망해사(望海寺)의 시름

12 식구
17 망해사(望海寺)의 시름
22 기다림 1
26 서울 하늘
30 영등동의 오월
34 길
39 어떤 기도
43 과일가게 여인
48 미로
53 풍경 소리
58 조약돌

고독한 도전 2.

퍼즐 64
질경이 68
경계경보 73
어떤 봄날 78
분갈이 82
고독한 도전 87
왼손잡이 92
기다림 2 98
구절초 103
비움 108

3. 부지깽이

114 잠박(蠶箔)
119 외숙모
124 외고집
129 첫 손자
133 어머니의 수의
138 재기(再起)
143 이불 홑청을 시치며
149 형님께
153 부지깽이
157 연성에서 온 편지

4. 연둣빛 계절

164 베레모
168 용식이
172 동전 이십 원
176 연둣빛 계절
180 느티나무
185 기다림 3
189 누렁이
194 신작로(新作路)
199 식탐 수난(食貪 受難)
203 홍천강(洪川江)

빈집 5.

- 교감 210
- 빈집 215
- 도로 잠잠 220
- 비염(鼻炎) 224
- 맥(脈) 228
- 그녀의 향기 232
- 모란 이야기 237
- 머위 나물 242
- 동질감 246
- 거울과 유리 250
- 어머니라는 이름으로 254

식구 | 망해사(望海寺)의 시름 | 기다림 1 | 서울 하늘 | 영등동의 오월
길 | 어떤 기도 | 과일가게 여인 | 미로 | 풍경소리 | 조약돌

1.
망해사(望海寺)의 시름

지평선을 가르는 바람이 상쾌하다. 도로 양쪽에 핀 코스모스가 나의 마음을 사로잡는다. 청명한 하늘 아래 펼쳐진 김제평야는 황금빛 절정을 이루고 있다. 유년의 뜰로 거슬러가는 기분이다. 벼에서 단내가 난다. 알알이 익은 벼 이삭만큼 지난여름 흘렸을 농부들의 땀이 그려진다.

식구

 동양란은 잎이 그려내는 곡선미와 그것이 자아내는 운치가 있다. 잡초 속에 묻혀 있어도 그 자태가 의연한데다 수수한 꽃이 풍겨내는 향기가 좋아 나는 이들을 좋아한다. 고고한 생김새와 그윽한 향기는 유럽의 어느 향수에 비할 수 없을 만큼 나를 매료시키기에 충분하다. 녹색을 유독 좋아해 사철 푸른 난을 오래전부터 가까이 해온 것은 어쩌면 연분인지도 모르겠다.
 전시회 축하로, 아이 쾌유를 비는 마음으로, 어느 땐 생일 선물로… 갖가지 사연이 담긴 난이어서 어느 것 하나도 소중히 다루지 않은 것이 없었다. 난에 대한 강좌에 귀를 기울이고 책을 훑어보며 나름대로 쌓은 지식을 적용해가는 시간들이 신선했다. 스무 분가량의 난을 중심으로 주변에 키 큰

관엽식물들을 조화롭게 배치할 때마다 마음이 벅찼다. 잦은 손길에 난은 나날이 푸르러 갔다. 발코니의 여백이 아담하게 채워져 집 안이 언제나 청초함으로 그득했다.

분주한 아침 가족들이 모두 집을 나서면 버티칼부터 거둔다. 난은 약한 오전 햇볕을 좋아하기 때문이다. 유일하게 가지는 혼자만의 이 시간을 사랑한다. 산뜻한 햇살을 받은 난이 생기가 넘쳐 바라보는 나도 절로 싱그러워진다. 어떤 잎은 유려한 곡선미의 우아함이 학의 날갯짓으로 보이고, 어떤 녀석은 정갈한 승무가 연상되며, 거침없이 사선으로 뻗은 잎에서는 기상이 충천한 일출이 느껴지기도 한다. 잎이 섬세하고 선이 고울수록 여성미가, 두껍고 힘차게 뻗을수록 남성의 기백이 느껴져 소우주를 발코니에서 보는 것 같다. 이들을 가만히 보고 있으면 허욕과 집착, 근심과 불안으로부터 평화로워짐을 느낀다. 어쩌면 나는 전생에 풀이었을까. 녀석들과 함께하면 마음이 차분하고 잔잔해진다. 제각각의 곡선미를 지닌 진초록 난과 대화를 하며 헝클어진 마음을 빗질한다.

쓰라린 패배 이후 재도전한 수능생 큰아이의 고단함을 바라보며 온 마음으로 빌기도 했었다. 제 오 계절을 거듭 겪어 낸 뒤 긴장된 마음으로 합격자 발표를 앞두기까지, 남편과

냉전 중일 때도, 나는 나도 모르는 사이에 무언의 이 친구들 앞에 와서 마음을 다스리곤 했다.

그러던 어느 날, 둘째가 갑자기 열 시간이 넘는 수술을 받게 되었다. 익산을 떠나 대전의 큰 병원에서 한 계절 가까이 머무는 동안 난도 소원해질 수밖에 없었다. 가까스로 아이가 회복되어 병원 생활을 끝내고 돌아오니 난들이 병상에 누웠던 아이 모습이 되어 있었다. 수분을 잃어 잎이 비틀어지고, 햇볕에 장시간 노출되어 푸름이 가신 채 아사 직전이었다. 주부가 부재중인 집에 아침 길을 나서기도 바빴을 식구들이 돌볼 겨를이 없는 것은 당연하였다.

사람도 사랑이 부족하면 거칠고 생기가 없어지듯 이들도 사랑을 먹고 자라는 식물이었다. 건강한 몸으로 거듭나도록 딸에게 세심한 신경을 쓰듯 난에도 발길이 떠나지 않았다. 정해진 날에 꼬박꼬박 물을 주고 채광에 정성을 쏟기 시작했다. 철이 바뀌면서 간신히 예전의 활기를 되찾아 갔다. 어느덧 난도 한가족이 되어 우리 집의 희로애락을 함께 겪고 있었다.

내 생활의 질서가 일시적으로 일그러지는 겨울 방학이 시작되면 약속한 듯이 봉긋한 꽃망울을 밀어 올리는 놈이 있다. 오동통한 꽃대는 나날이 조금씩, 조금씩 자란다. 세상에 어떤 꽃도 하루아침에 피지 않는다는 듯 느리지만, 결코 지루하지 않은 속도로 하늘을 향해 키를 키운다. 하루가 다르게 자라는 그 꽃 대궁을 찬찬히 들여다본다. 긴 겨울 방학을 건너 다시 봄 방학에 다다르도록 아이들과 씨름하는 사이 꽃봉오리도 나날이 부풀어 간다.

어느 날 침상에서 눈을 뜨면 제일 먼저 코끝으로 스며오는 향이 있다. 산천보세(山川報歲)가 밤사이 개화하여 창틈으로 스며온 것임을 나는 직감적으로 안다. 이럴 때면 가진 것이 없어도 부자가 된 기분이다. 우리 집의 봄을 알리는 자줏빛 전령사다. 그 고유의 맑고 높은 향기를 집 안 가득 채우기 시작하면 방학도 드디어 끝이 난다. 팔월 염천을 견뎌내며 세상의 잡다한 소용돌이에 아랑곳하지 않고, 엄동설한에도 때가 되면 참으로 정직하게 피어 나를 못 견디게 한다. 하루하루 살피며 기다린 시간들이 청량한 향기로 돌아오기에 이토록 황홀경에 빠지게 되는 것일까. 난향이 퍼질 때면 지나가는 바람도 잠시 머물고 밤이면 달도 쉬었다 가는 듯 했다.

무언의 친구들은 희생과 봉사로 일궈진 가정이란 울타리 속의 또 다른 식구라 해도 과언이 아니다. 때때로 삶이 버거워 시름에 젖고, 토하지 못하는 말들을 조용히 들어주는 진

솔한 벗들이다. 기울인 정성만큼 말없이 보답하는 정직함에서 나는 모름지기 삶의 자세를 배운다.

망해사(望海寺)의 시름

 지평선을 가르는 바람이 상쾌하다. 도로 양쪽에 핀 코스모스가 나의 마음을 사로잡는다. 청명한 하늘 아래 펼쳐진 김제평야는 황금빛 절정을 이루고 있다. 유년의 뜰로 거슬러가는 기분이다. 벼에서 단내가 난다. 알알이 익은 벼 이삭만큼 지난여름 흘렸을 농부들의 땀이 그려진다.
 머지않아 사라질 가을을 가슴에 담는 사이 심포(深浦)가 눈에 들어온다. 군산과 부안 사이의 서해 바닷자락을 낀 자그마한 포구. 우리나라 백합의 팔 할이 생산되는 곳. 백합구이 생각에 입안엔 군침이 돈다.
 주차장에서 내리자 와자해야 할 소리가 한가롭다. 손님을 서로 붙들려는 풍경이 썰렁하다. 포구를 따라 양쪽으로 길게 늘어선 해산물 가게 앞에는 해삼이며 개불, 그리고 전복과 다양한 조개를 파는 풍경이 이채로웠다. 특히 백합 자루를 높이 쌓아놓고 파는 모습이 장관이었는데, 겨우 몇 집만 길목에 웅크리고 앉아 있다. 시월 초순인데도 그 모습이 자못 추워 보인다. 그 뒤로는 철시한 오일장처럼 횟집들이 뼈대만 선 채 시름에 잠긴 바다를 바라보고 있다. 주인 잃은 대형 파라솔들이 날개가 접혀 끈으로 묶인 지 오래인 듯 먼지가 수북하다.

 허허로운 마음에 눈길을 바다로 돌린다. 새만금 공사로 바닷물이 사라져가는 심포는 군데군데 널따란 모래톱이 형성되어 썰물 때 같다. 그 위를 다리 긴 한 무리의 새가 잠방잠방 걸어 다니며 먹이를 찾고 있다. 바다를 잃어 갯벌에 쉬고 있는 어선들이 나른한 햇살에 졸고 있다. 아직 남아 있는 서해의 바람만 고요하기 이를 데 없다. 호객행위조차 실종된 심포는 더는 사람 냄새가 나지 않는다. 몇 사람만 안간힘으로 버티고 있지, 그들도 오래지 않아 하릴없이 자리를 내주어야 할 터.

 바닷물 따라 백합도 사라지고 따라서 어민들도 떠난 심포, 먼저 간 그들을 아픔으로 배웅했을 포구도 서서히 떠날 채비에 발걸음이 무겁다. 바다를 믿고 대대로 둥지를 틀었던 어민들은 다 어디로 갔을까. 아무렇지도 않게 백합구이 먹을 생각을 했던 마음이 부끄러워진다. 물이 빠진 자리에 별천지가 들어선다 한들 터전을 잃은 사람들의 애달픔이 삭여질까. 원하든 원치 않든 개발은 어느 한 쪽이 희생을 감수해야 하기에 안타까운 일이다. 어쩌면 마지막으로 보는 심포일지도 모른다는 생각에 다시 한 번 뒤돌아 본다.

발걸음은 어느새 진봉산 자락으로 향한다. 청량한 소나무 숲길을 얼마간 휘돌아가자 언덕 아래 아담한 망해사(望海寺)가 나타난다. 여느 사찰의 웅장함에 비해 서너 채로 단출해서 오히려 정감이 간다. 백제 의자왕 때 부설 거사가 지어 수도했다 전해지는 사찰. 앞마당은 심포를 비롯해 망망대해의 수평선을, 뒷마당으로는 김제평야의 지평선을 한 눈에 내려다볼 수 있는 곳. 길목을 지나는 나그네들에게 언제나 넉넉한 품을 내어주는 망해사는 변해가는 세상사를 아는지 모르는지 오늘도 묵묵히 자리를 지키고 있다. 마당 한 쪽에는 토란 대와 호박 나물이 따사로운 햇살에 말라가고 있다. 그 옆에서 비구니 스님 둘이 앉아 자분자분 이야기를 나누며 솔잎을 따고 있다. 사위가 더할 나위 없이 고즈넉하다.

도도히 흐를 물결 대신 바다를 잠식해가는 개펄을 보며 옛 모습에 잠긴다. 마음이 산란할 때면 나도 모르게 발걸음이 이곳에 와 있었다. 조개 캐는 구경에 한동안 정신을 빼앗

기다 보면 서서히 차오르는 물과 함께 먼 바다로 드나드는 어선들이 분주했다. 뱃고동 소리와 뒷마당의 댓잎 부딪히는 소리에다 이따금 오가는 사람들의 발걸음 소리까지 어울려 절집은 고요 속에서도 바빴다. 때마침 바다로 지는 석양을 숨죽여 보노라면 세상의 모든 의식을 이곳으로 집중시킨 듯 경건했다. 잔잔한 물결 위에 퍼져가는 노을빛 수채화가 마음에 덕지덕지 낀 잡념을 씻어 내는 정화의식 같았다. 선홍빛을 등에 진 종루의 실루엣에서 고요한 무념의 여백이 풍겨 나고 있었다. 종루는 원래부터 자연과 하나 되어 거기 그 자리에 오롯이 서 있었던 것처럼 자태가 단아했다. 그 모습에 취하다 보면 어느덧 마음이 말갛게 헹구어져 돌아오곤 했다.

이제 그 정경이 역사의 뒤안길로 사라지고 있다. 몇 년 뒤 망해사 앞마당에서 새로운 세상을 바라볼 때에도 그 위안을 얻을는지 모르겠다. 훗날 손자 녀석과 함께 온다면 이곳이 예전에는 모두 바다였다고 말하겠지. 여기에서 바라보는 낙조가 서러울 정도로 아름다웠다고 할 생각을 하니 가슴이 저려온다.

앞으로는 바다를 바라보는 망해사가 아니라 바다를 그리워하는 망해사가 되겠다. 일찍이 선인은 선견지명(先見之明)이 있었던 것일까. 그래서 망해사(望海寺)라 명명했을까. 바다와 함께 나이를 먹어온 늙은 팽나무는 역사의 한 페이지를 나이테에 새기고 있겠지.

　범종은 이제 무엇을 위해 울려 퍼질까. 이곳 어민들의 숭고한 희생이 있어 훗날 새만금이 탄생했으니 부디 잊지 말라고 할까. 문명의 이기로 점점 사라져가는 향수만은 기억해 달라고 할까. 바다가 있어 더 풍취가 느껴지는 망해사는 속절없이 그 쓸쓸함을 견디고 있다. 한 자락 지나간 바람에 풍경소리마저 서럽게 운다.

기다림 1

　여름휴가 첫날인데 장맛비가 추적추적 내렸다. 오랜만에 여행길에 나선 아이들은 빗속에서도 마냥 들떠 있었다. 안면도에 들어서자 짭조름한 바다냄새가 먼저 반겼다. 구불구불한 해안선을 따라 짙푸른 바다와 평화로운 어촌을 번갈아 지나가면서 나도 점점 설레기 시작했다.
　숙소를 향해 일 차선 도로를 달리고 있을 때였다. 갈색 털이 풍성하고 땅딸막한 강아지 한 마리가 갑자기 도로 가운데로 뛰어들었다. 녀석은 순간 방향을 잃은 듯 허둥대다 차가 진행하는 방향으로 이내 달리기 시작했다. 별수 없이 천천히 달렸다. 웬만큼 달리다가 비켜설 줄 알았는데 줄기차게 달렸다. 아이들은 차창 밖으로 얼굴을 내밀고 응원하듯 박수까지 보냈다. 녀석은 달리면서도 순간순간 뒤를 돌아보았다.

차가 숙소 앞에 멈추자 저만큼 떨어진 곳에서, 짐을 챙기는 우리를 바라보았다. 우리는 별생각 없이 숙소에 들었다.
 여장을 풀자 아이들은 숙소까지 들려오는 파도소리에 이끌려 보슬비가 내리는데도 해수욕장으로 내달렸다. 우리 내외는 산책이나 할 요량으로 휴양림을 향해 지나왔던 방향으로 차를 돌렸다. 빗속인데도 밀려드는 휴가 차량으로 도로는 여전히 붐볐다.
 한산한 구간으로 접어드는데 또 그 녀석이 도로 가운데로 들어섰다. 비에 흠뻑 젖어 풍성하던 털이 꾀죄죄했다. 처진 털이 땅에 닿을 듯해 짧은 다리와 분간이 가지 않았다. 우수에 젖은 듯한 눈을 깜빡이는 모습이 어딘지 모르게 측은해 보였다. 녀석은 우리 차 앞에서 또 달리기 시작했다. 마치 자신의 존재를 사람에게 확인시키려는 듯 달리며 뒤돌아보고 달리며 뒤돌아보고를 계속했다. 처음엔 웬 녀석이 겁도 없이 자동차 앞에 뛰어든다고만 생각했는데, 이제 보니 그게 우발적인 행동이 아니라는 생각이 들었다. 녀석은 전부터 자동차와 친근한 사이였던 것 같았다.
 울창한 휴양림에 들어섰다. 몸통이 붉은 토종 소나무들이 하늘을 찌를 듯 위엄을 부리고 있었다. 안개비로 자욱한 숲 속에는 청량한 기운이 가득했다. 솔바람소리와 풀벌레소리만

들릴 뿐 마치 무인도의 밀림 속을 거니는 듯했다. 소나무 꼭대기에 걸려있는 운해가 동양화의 진수를 눈앞에 펼쳐 놓은 듯 운치를 더했다.

햇볕 한 번 보지 못했지만 우중의 이박 삼일은 짧기만 했다. 사흘 내내 귓가를 맴돌던 파도소리와 빗소리와 바람소리가 짧은 여정이 아쉽다는 듯 자꾸 발길을 붙잡았다. 우리는 까맣게 강아지를 잊고 있었다.

그런데 돌아오는 길 그 지점에 이르자 어디에서 기다리고 있었는지 예의 그 녀석이 또 나타났다. 이내 자동차 앞에서 달리기 시작했다. 흙탕물을 잔뜩 뒤집어쓴 모습이 초라했다. 유독 우리 차만 보면 나서는 것으로 보아 모양과 색상이 비슷해 익숙한지도 모른다는 생각을 하고 있을 때였다.

달리던 녀석이 돌연 멈추더니 돌아섰다. 차가 서서히 다가가도 꼼짝하지 않았다. 영문을 모르고 뒤따르던 자동차들은 기다리다 못해 경적을 울리기 시작했다. 왕왕거림 속에서도 숨을 헐떡거리며 얼굴을 가린 털 사이로 우리를 바라보았다. 검고 똥그란 눈이 심상찮은 빛을 발하고 있었다. 금방이라도 눈물을 뚝뚝 떨어뜨리며 무언가를 호소할 것 같기도 하고, 정이란 게 무 자르듯 그리 쉽게 잊히는 거냐고 항변하는 듯 보이기도 했다. 그러다 "컹컹" 앙칼지게 짖기까지 했다. 그

소리가 자동차 행렬을 향한 매서운 질책이란 생각이 들어 발뒤꿈치가 저려왔다. 녀석은 연이은 경적 소리에 그만 체념했는지 머리를 떨구며 휴양림 쪽으로 비켜섰다.

 그 질책이 커다란 파문을 일으켜 내 가슴을 흔들었다. 아이들은 불쌍하다며 데려다 키우자고 보챘다. 긴 털이 보송보송하고 어여쁜 강아지가 눈앞에서 어른거렸다. 그 강아지를 안고 좋아할 아이들의 모습도 떠올랐다. 그러나 나는 먼 산만 바라보았다. 얼마 전 우발적인 사고로 낭패를 보았던 앵무새가 생각나서였다. 눈을 질끈 감았다. 앵무새를 잃었을 때의 아픔을 다시 덧나게 하고 싶지 않았다. 아이들의 원성을 들으면서도 멀어져 가는 녀석의 뒷모습을 하염없이 바라보았다.

서울 하늘

초가을 아침 공기가 청량하다. 우윳빛 안개 속에 오가는 사람들이 시야에서 나타났다 사라지곤 한다. 질서 정연한 가로수의 실루엣이 멀어질수록 아스라하다. 오늘은 날씨가 맑을 모양이다. 이 정경을 바라보다 스치는 생각 하나가 나를 붙든다. 도서관으로 향하는 발걸음이 어느 때보다 뿌듯하다. 지난여름 북경에서의 며칠이 눈앞에 아른거리기 때문이다.

스무 시간 가까이 배를 타고 도착한 중국 천진 항은 온통 은빛 운무에 싸여 있었다. 낯선 곳에 대한 기대감이 한층 부풀었다. 북경으로 향하는 버스에 오르고서야 뭔가 착각했음을 깨달았다. 안개가 아닌 대기오염이라는 사실을. 버스가 이동하면 좀 나아질 거라는 야무진 기대를 걸었다.

두세 시간 달리는 동안에도 별반 달라지는 것 같지 않았다. 나의 기대는 북경으로 들어서면서 여지없이 깨지고 말았다. 우뚝우뚝 솟은 건물들로 시야가 더욱 좁아져 숨쉬기마저 답답했다. 현대문명이 급성장하는 나라라는 점을 감안해야 하는 것일까.

자금성을 둘러보는 날이었다. 일행들은 긴소매 옷에 모자와 장갑까지 끼고 완전무장을 했다. 하지만 심각한 대기오염은 그림자조차 허락하지 않았다. 하늘과 땅의 경계선마저 지워버린 채 빌딩 지붕까지 잠식하고 있었다. 해가 어디에 있는지 아리송했다. 체증이 인 듯 갑갑했다.

나는 모자도 긴 소매도 착용하지 않았다. 그림자가 없는 게 더 무섭다는 것을 깨닫는 데는 그리 오래 걸리지 않았다. 저마다 피부색이 다른 수많은 인파가 들끓는 천안문 광장을 겨우 절반쯤 걸었을 때였다. 노출된 뒷목이 따갑기 시작했다. 눅눅한 기운에다 하늘과 땅에서 동시에 찌는 열은 선글라스를 자꾸만 끌어내렸다. 어디가 끝인지도 모른 채 앞을 가늠할 수 없는 날씨는 답답함을 더했다. 짬짬이 자금성의 방대함에 놀라면서도 규모만 클 뿐 우리 경복궁과 유사하다는 생각을 했다.

이윽고 경산에 올랐다. 욕심을 부려봤으나 자금성을 한 눈에 내려다본다는 것은 애당초 단념해야 했다. 조금 전까지

자금성 곳곳을 지나던 그 많은 사람들은 사라진 채, 궁궐인지 안개정국인지 온통 베일에 싸여 형체만 희미하게 어른거렸다. 통째 하늘로 솟아오르거나 땅 속으로 스며든 것은 아닌가 하는 착각에 빠져들게 했다. 자금성은 공간과 물상의 경계가 모호한 사차원의 무채색에 휩싸여 조용히 침묵만 지키고 있었다.

오후엔 만리장성에 이르렀다. 빌딩 숲을 벗어났는데도 스모그는 여전히 중국 하늘을 뒤덮고 있었다. 산등성이를 따라 끝 간 데 없이 이어졌을 장성은 회색빛에 잠겨 신비와 답답함을 동시에 유발시켰다. 일부 일행은 숨 막힐 듯 끈적거리는 높은 기온 때문에 성 답사를 포기했다. 하지만 거친 숨을 고르며 한 계단, 한 계단 오르는 인내심마저 이곳의 여름 날씨는 허락하지 않았다. 차라리 하늘이 맑기라도 했더라면 힘이 절반으로 줄 것 같았다. 그 와중에도 이 성을 쌓기 위해 이름 없이 사라져간 수많은 민초들의 고통스러운 모습이 떠올랐다. 내려오는 길에 불현듯 우리나라 하늘이 눈앞을 스쳐갔다.

자금성 규모가 아무리 방대해도, 만리장성 위업이 제아무리 위대해도 사철 선명한 우리나라 하늘과는 견줄 수 없었다. 노상 대하던 금빛 햇살과 푸른 하늘이 이날처럼 간절했던 적이 있었던가. 아지랑이 아른거리는 봄날과 소나기 지나 간 하늘에 걸린 무지개 선명한 여름, 청명해서 산기슭 구절초가 더욱 청초한 가을, 그 아기자기함만으로도 금수강산이라 이를 만하지 않은가. 작지만 수려한 내 땅이 있다는 것은 얼마나 축복된 일인가.

늘 가까이 있었기에 그 소중함을 모르고 살았던 것 같다. 지극히 평범하게 여겼던 것들이 비범함으로, 심상하게 받아들였던 일들이 고마움으로 가슴에 안겨왔다. 이번 여정은 덤덤하게 돌아가는 일상 속에서 사소한 행복들을 얼마나 놓치고 살았는지 다시 한 번 생각하게 했다. 이제부터 우리 땅에서 나고 자란 풀 한 포기, 꽃 한 송이도 허투루 보지 않으리라. 내 주변의 소홀했던 일부터 차근차근 챙겨야겠다.

도서관에서의 볼 일을 대충 마쳤다. 잠자리 서너 마리가 유유히 날고 있다. 안개가 사라진 하늘은 코발트색 화선지에 바람이 그린 듯 구름이 평화롭다. 등 굽은 소나무도, 언덕 위의 벤치도 말쑥하게 제 모습을 드러냈다. 깊게 숨을 들이마셔 보았다. 사소한 것까지도 지금 내 눈에는 정감 있는 수채화다.

영등동의 오월

나는 지금 이층 찻집에 앉아 느긋하게 창밖을 내려다보고 있다. 아지랑이 아른거리는 한낮, 도로가에 늘어선 가로수에 때 아닌 함박눈이 소담스레 내려 있다. 연초록 이파리 위에 내린 눈이라서 바라보는 마음이 청신하다. 그 눈은 오월의 따사로운 햇살을 받아 더욱 청초하다.

벚꽃이 일제히 피었다 사라져 고요해지면 익산의 영등동에 수런거리며 거리를 밝히기 시작하는 꽃이 있다. 그 꽃은 성급하지 않고 진득하니 오래 피어 있다. 사발에 고봉으로 푼 흰 쌀밥 같다 하여 이팝나무, 또는 이밥나무라 한다던가. 연두색 잎 위로 쌀알 같은 꽃들이 하나 둘 피기 시작하면 거리에는 벌써 짧은 소매 차림이 속속 보인다.

똑같이 심었는데도 어떤 나무는 키가 훤칠하고, 어떤 나무는 뚱뚱하다. 그런가 하면 어떤 녀석은 만국기가 어지럽게 걸쳐져 있고, 몇 그루 건너에는 가는 전선줄이 얼크러져 있기도 하다. 꼭 상처로 얼룩진 사람 같다. 그럼에도 노고지리 청아한 오월이면 의연히 꽃을 피운다.

밤사이 실비가 다녀가고 나면 영등동 거리거리는 새하얀 꽃물결로 꿈틀거린다. 앞서거니 뒤서거니 잠식하다 마침내 연둣빛 이파리를 다 덮어 장관을 이룬다. 가까이 보면 타원형의 작은 꽃들이 부풀 대로 부풀어 나무마다 만삭을 이루고 있다. 주민센터 앞 쉼터에도 도서관이 있는 공원에도, 눈부심 일색이다. 이맘때면 바람에 일렁이는 꽃물결의 유혹에 이웃 동네의 눈과 귀가 쏠리고 노을도 늑장을 부리며 발길을 떼지 못한다. 무심코 바라보면 뭉게구름이 몽실몽실 떠 있는 것 같기도 하고, 안개 무리가 졸고 있는 것처럼 몽환적이기도 하다.

보석이 아름답기로 자연이 빚어낸 저 순수함에 비할까. 이팝나무 꽃을 가만히 보고 있으면 이상하게 마음이 정갈해진다. 겹겹이 쌓인 삶의 때를 말갛게 씻어내는 듯 정화된다. 순백은 사람의 마음을 선하게 하는 힘이 있는 것일까. 딱딱하게 굳었던 편견을 풀어주고 용서하지 않으려 했던 마음까지 녹아내리게 한다. 그리고 조용히 참선에 들게 한다. 바람도 이 풍광을 아는가. 익산역 쪽에서 불어온 하늬바람은 쉴 새 없이 달려오다 영등동에서는 잠시 숨을 골라 순해져 돌아간다.

영혼이 맑아진 이들이 오늘도 가로수를 누비며 자기의 위치에서 최선을 다하는 모습이 정답다. 오토바이를 타고 배달에 분주한 칼국수 집 아저씨, 손수레 한 가득 폐지를 싣고 가는 할아버지, 오르막에서 힘겨워 하는 손수레를 기꺼이 밀어주는 젊은이, 이팝나무 그늘 아래 좌판을 벌인 아주머니들의 표정이 한결같이 밝다. 이 순간 홀로 있지만 혼자가 아님을 느낀다. 오가는 사람들은 더불어 살아가는 나의 이웃이요 희망임을 실감한다.

어깨의 짐이 무겁거든 영등동으로 오라. 하늘 높은 줄 모르고 치솟는 물가에 한숨을 토해낼 때, 살아가는 일이 버거워 아무데든 주저 앉아버리고 싶을 때 영등동으로 오라. 수더분한 벗과 포장마차에서 국수 한 그릇을 먹어도 좋고, 선술집 간이의자에 앉아 막걸리 한 잔을 기울여도 좋으리라. 주거니 받거니 한 순배 돌아 눈길이 순해지면 어느덧 가벼워진 당신을 발견하리라. 발길 멈추는 곳마다 눈길 가는 곳마다 이팝나무 꽃은 그대의 고단한 마음을 어루만져 주리라. 마침내 한숨이 잦아들고 생명의 기운이 약동하는 체험을 하게 되리라.

　오월이면 돌아가신 아버지도 생각난다. 아버지 밥그릇에 수북한 고봉 쌀밥이 잎 위에 다보록하게 핀 이팝나무 꽃 같아서다. 우리 밥보다 쌀이 많아 하얗던 아버지 밥그릇은 늘 높아서 돋보였다. 아버지는 그 쌀밥을 언제나 남겨서 우리에게 건네주었다. 그때 입 안에서 맴돌았던 다디단 아버지 마음이 풍요로 가득 찬 오늘 갈증에 시달리는 내게 넌지시 나눔의 미덕을 가르친다.

　홀로 걷던 내가 그 길에서 한 사람을 만나 같은 곳을 바라보며 정착한 곳. 여린 나무가 묵묵히 세월을 견뎌내 순정한 꽃을 피웠듯 우리가 아이를 낳아 그 아이가 고향이라 부르며 찾아오는 곳. 저 이팝나무 덩치가 굵어져 그늘이 넓어짐에 따라 내 아이의 아이도 커갈 것이다. 저 홀로 주기를 바꿔가는 유행의 숨 가쁜 현실을 따라가지는 못해도 사는 이들이 정다운 영등동. 우리와 함께 숨을 쉬고 나이를 먹어가는 이팝나무를 보며 정직한 자연의 질서를 배운다.

　이제 나는 구름 위에서 서서히 내려와 선한 사람 세상 속으로 걸어간다.

길

 산들 바람이 불 때마다 갈대가 뒤채다 다시 일어선다. 제 몸을 비비는 갈대숲에서 금방이라도 가을 노래가 흐를 것 같다. 끝 간 데 없는 평원 속에 서 있으니 어느덧 나도 한 줄기 갈대가 된 듯하다. 숲이 풍기는 쓸쓸하고 고즈넉한 분위기가 무딘 감성을 일깨운다. 갈색으로 짙어가는 순천만은 이방인들의 가슴을 조용히 흔들고 있다.
 가을 정취에 젖어 한참동안 걸으니 전망대에 오르는 산길 초입이다. 마음은 벌써부터 순천만을 한눈에 내려다볼 기대로 벅차 있다. 포구에서 바라본 전망대가 자그마한 동산이었으니 오르기엔 무난할 것 같다. 놓치기 아쉬운 장면을 몇 컷 찍다 보니 이미 앞서간 일행은 보이지 않는다.
 등정을 마치고 내려오는 이들을 보며 초입의 가파른 계단을 마음이 먼저 오른다. 오르막길은 얼마 가지 못해 차오른 숨을 몰아쉬기에도 바쁘다. 따라잡기엔 무리다. 오늘따라 두껍게 느껴지는 청바지가 더 발걸음을 붙잡는다. 오랜 가뭄으로 오가는 사람들 발길에 메마른 먼지가 부옇게 일어난다. 게으른 여름은 쫓겨가다 시월 한가운데서 철도 모르고 주저앉아 떡갈나무의 마지막 푸름을 붙들고 있다. 오르막길은 오를수록 리듬을 흩뜨리며 다리 감각마저 둔하게 만든다. 걷는 게 아니라 숫제 몸이 이끌려가다시피 하는 양이 생존을 위해 몸부림치는 사람 같다. 산책하는 정도로만 여겼는데 두고 온 등산복이 절실하다.

　오솔길은 갑자기 내리막으로 변한다. 단번에 언제 그랬냐는 듯 갑자기 다리에 힘이 솟는다. 가뭄에 단비를 만난 것처럼 단숨에 내려갔으나 다시 이어진 고갯길이 인내심을 시험하려는 듯 버티고 있다. 대수롭지 않게 여겼던 산봉우리는 은근한 침묵으로 내게 고통을 요구한다. 사람도 그렇듯 산도 섣불리 판단해서는 안 되는 모양이다. 나지막한 산이라고 쉽게 생각했는데 만만치가 않다. 갈수록 떨어지는 기력은 몸이 의지대로 말을 듣지 않는다. 이따금 불어오는 바람이 땀을 식혀줄 뿐 얼마나 더 가야할지 답답하다. 땀으로 얼룩진 얼굴이 뜨거운 햇볕에 화끈거리기까지 한다. 좁은 오솔길에서 마주 오는 이들과 스칠 때면 은연중 상대방이 비켜가 주기를 바란다.

 이렇다 하는 유명 산을 주말마다 오르는 이도 허다한데 고작 작은 동산에 불과한 산 속에서 허우적거리는 내가 한심했다. 무엇이 그리 바쁜지 오가는 사람 모두 쫓기듯 분주하다. 여유라고는 찾을 수 없는 가운데 나는 그저 맥을 못춘다. 발에 사슬을 채운 것처럼 다리가 천 근이다. 쉬고 싶었지만 애써 참는다. 너무 처지면 일행들에게 폐를 끼칠지도 모른다. 숨을 몰아쉬는 사이 잠시 평지로 접어드는가 싶더니 이내 내리막길. 전망대까지 오르려면 내리막은 반드시 다시 오르막으로 변하는 것을 알기에 이제는 섣불리 좋아할 수도 없다.

 힘겨운 걸음으로 작은 봉우리를 세 번쯤 넘었을까. 백 미터 남았다는 푯말이 다가온다. 반가우면서도 굴곡진 산길 백 미터를 예상하니 이마저 까마득하다. 턱까지 차오르는 숨을 잠시 고르며 무심코 올려다 본 하늘에 잠자리가 날고 있다. 파란 하늘을 무대 삼아 상승과 하강을 자유로이 되풀이하는 모습이 영락없이 파도 타는 사람 같다. 가볍게 무리지어 춤추는 리듬은 봄바람에 날리는 꽃잎 같기도 하다. 불현듯 삶이라는 긴 여정 속에서 넘어야 하는 세월의 파도도 저렇듯 사뿐하면 좋겠다는 생각이 든다. 비단길만 걷는 사람이 있으랴. 울퉁불퉁한 길을 끊임없이 오르고 내리다 가까스로 한숨 돌리고는 다시 반복되는 산행이 삶의 여정과 유사하다.

지난 일만 해도 그랬다. 좀 더 상대방 입장을 헤아렸더라면, 주장하는 말에 귀를 기울였더라면 서로 상처를 입지는 않았을 것이다. 자신의 의견이 더 옳은 양 목소리를 세우고 우기면서 결국엔 제각기 아파했다. 신은 왜 이렇게 잊을만 하면 함정을 만들어 놓고 비우고 내려 놓아야 할 것들을 숙제로 남기는지 모르겠다. 가까운 인연끼리 가슴 앓이 하지 않기를 바라나 삶은 매번 꼬이고 만다. 그때 그것을 알았더라면 하는 후회는 항상 얼마간 대가를 치르고서야 찾아온다. 무릇 삶은 휘청거리다 넘어지는 시행착오를 거듭하며 끝없이 헤매는 미로 찾기요, 그러면서 표면으로 보이지 않게 진화해가는 도정이 아닐까 싶다.

내 안의 세계에 빠져든 사이 드디어 전망대에 다다랐다. 세상의 가장 낮은 자리에 펼쳐진 순천만은 바다와 개펄과 갈대가 한 몸이 되어 있다. S자로 휘어진 물길에 때마침 붉게 타는 노을이 내려앉아 소리 없는 탄성을 자아낸다. 터덕거리면서도 먼 길을 함께 걸어왔던 인연이 저 빛깔과 유사하다는 생각이 든다. 절망의 골짜기와 희망의 산봉우리를 건너는 동안 애환과 연민이 뒤섞인 여정에서 우러나온 여유로운 빛.

  갈대숲을 휘돌아온 산들바람이 이제 그만 내려가라 등을 떠민다.

어떤 기도

 오늘도 길을 나선다. 찬바람이 매섭게 옷깃을 파고든다.
 이곳에 걸음한 지 이제 겨우 열흘인데도 오래전부터 익숙해져 온 것처럼 편안하다. 삼 층으로 오르는 구두 소리가 고요를 깨운다. 내가 오는 시간에는 언제나 오르는 이도 내려오는 이도 드물어 발소리마저 조심스럽다. 그런데 오늘은 신발장에 낡은 남자 구두 한 켤레가 보인다.
 조심스레 문을 밀고 법당에 들어선다. 불단에 모신 여러 불상 앞에서 타오르는 촛불이 고즈넉하다. 자비로운 미소를 머금은 불상의 표정들이 어스레한 촛불에 엄숙하다. 널따란 법당 중간쯤에 마른 노인 한 분이 경전을 읽으며 끊임없이 절을 올리고 있다. 불자(佛子)는 아니지만 이곳에 들어서면 나도 모르게 경건해지는 자신을 발견한다. 바깥의 어떤 힘에 이끌려서인지 아니면 내 안에 숨어 있던 어떤 힘에 의해서인지 나는 잘 모른다. 다만 눈앞의 작은 것에 급급하여 구름처럼 떠다니던 내 삶이 제자리를 찾아 안착하는 듯하다. 노인과 조금 떨어진 곳에 자리를 잡고 두 손을 모아 엎드린다. 노인은 인기척을 아랑곳하지 않고 내처 기도한다.

 서른 살 적까지만 해도 무엇을 하든 자신이 있었던 것 같다. 나이가 들수록 연륜이 쌓이고 그에 따라 지혜 또한 자랄 테니 무슨 일에든 더 유연하리라 여겼다. 세상살이라는 게 별 것이랴 싶기도 했다. 그러나 아이 셋을 키우는 동안 저만치서 견고하게 벽을 쌓은 세상은 손닿을 수 없을 만큼 높아져 있었다. 그 세상에서 초롱초롱한 눈들이 하룻강아지 같은 나를 내려다보고 있었다. 걷잡을 수 없이 작아지는 내가 초라하기 짝이 없었다.

 얼마나 시간이 흘렀을까. 마음속으로 기원하는 내 기도와 달리 노인은 시종일관 정중한 자세로 경전에 몰입해 있다. 나는 벌써 지쳐 다리가 말을 듣지 않는데 노인은 손가락 하나 흐트러지지 않는다. 굽은 등을 납작 엎드린 모습이 진지하기 이를 데 없다. 세상에서 낙오되어 작아질 대로 작아진 자신을 다잡으려는 몸짓인 듯도 하다.

 뻣뻣해진 몸으로 어정쩡하게 절하는 내 모습이 노인과 비교되자 내심 부끄러움이 인다. 딴에는 자신을 추스르기 위해 조신하게 몸을 움직이는데도 내 몸짓은 어설프기 짝이 없다. 세상을 바라보는 눈과 소리를 듣는 귀가 순해질수록 매사에 겸허해진다는데, 저리 자신을 낮추어 지극으로 정성을 쏟는 것은 자기를 버림으로써 다잡아 세우려는 몸짓일는지도 모른다.

노인의 입술을 빠져나온 법어가 법당을 한 바퀴 돈 뒤 내게로 온다. 쉬 해독되지 않는 생경한 언어지만 어머니 태중에서 들었음 직도 하고, 태곳적부터 전해옴 직도 한 여운이 귀에 안긴다. 그저 습관적으로 읽는 게 아니라 온몸을 절여 낸 듯 진중한 톤이 질서 있게 흐르며 한 장 한 장 넘겨간다. 간헐적으로 젖은 목소리도 들려와 애처롭기까지 하다. 비록 언어는 낯설어도 그 여운은 온몸을 휘젓는다.

참 이상한 일이다. 저 노인과 내가 하는 기도의 방식이 다르고 내용이 다를 텐데 나도 모르는 사이에 내 기도가 노인의 독경소리에 빨려들고 있음을 느낀다.

이윽고 독경이 멈춘다. 시간이 정지된 듯 법당이 고요하다. 이때 은은한 풍경소리가 정적을 깨운다. 느릿느릿 일어선 노인이 자리를 정리하고는 굽은 등을 보이며 문을 향한다. 가슴에서 잔잔한 물결이 인다.

얼마 후 나도 자리를 마무리 짓는다. 온몸의 마디마디가 단단하게 굳어 있지만 마음은 한결 유연하다. 가장 낮은 자세로 절을 하며 진지하게 불경을 읽던 노인의 모습이 돌아오는 길 내내 마음속에서 떠나지 않는다.

과일가게 여인

그녀는 오늘도 늦은 시간까지 가게를 지키고 있다. 약국에 다녀오는 발걸음이 나도 모르게 그 쪽으로 향한다. 졸린 눈을 비비며 깜짝 반긴다. 하얀 분을 품고 있는 수박을 한 통 샀다. 덤으로 자두를 올려주는 얼굴이 보름 새 반쪽이 되어 있다.

아파트 옆 인도에는 시골 할머니들 채소 좌판이 늘어서 있다. 사고로 남편을 잃어 사십대 가장이 된 그녀도 이 인도 끝 편의점 추녀에 채양을 얼기설기 쳐놓고 과일을 팔았다.

이곳에서 오 분 거리에는 대형 마트가 두 곳이나 있다. 하지만 나는 포장이 잘 된 마트의 상품보다 손수 농사지은 할머니들 채소가 정감가고 미덥다. 에누리라곤 전혀 없는 마트보다 덤까지 올려주는 이곳이 좋아 자주 찾는다. 사람들도 그런 모양인지 채소전 일을 본 뒤 과일가게 앞에는 항상 발길이 끊이지 않았다.

그녀는 가게 앞을 지나는 이들에게 무조건 과일 쪽을 건네며 맛을 보게 했다. 사지 않아도 웃으면 그뿐 더는 부담 주지 않았다. 어쩌면 그 인심이 과일을 더 파는 효과를 불러오는지도 몰랐다. 해가 거듭 될수록 가게는 단골들이 많아졌다.

어느 날부터 가게는 며칠 동안 공사를 하더니 근사한 과일 점포가 들어섰다. 장사가 잘되자 세를 받던 편의점에서 직접 차린 것이었다. 어기찬 떠밀림에 그녀는 속수무책이었다. 어설픈 처마 끝도 보장된 게 아니어서 거센 물살 앞에 밀려나는 부평초였다. 십여 년 동안 부단히 닦아 놓았던 길은 자신의 길이 아니었다. 길 위에서 삶의 길을 잃어버린 그녀는 어디에서 다시 길을 찾을지 막막했다.

하는 수 없이 얼마 되지 않은 돈에다 남의 돈을 간신히 끌어모아 도로 건너에 허름한 가게 터를 얻었다. 그다지 멀지 않은 까닭에 그동안 맺어온 단골을 잃지 않으려는 요량이었다. 반짝거리며 신장개업한 가게에 비해 형편없이 초라한 가게. 게다가 외떨어진 귀퉁이인데다 인도가 없어서 차도에 선 채 과일값을 묻거나 고르기가 마땅찮았다. 자연 사람 발길이 뜸해 고적하기 짝이 없었다.

오래된 단골들은 고스란히 새 주인 몫이 되었다. 그녀가 닦아놓은 길은 원래부터 자신의 길이었던 양 휘파람을 불며 태연히 누볐다. 육 미터 남짓한 거리에서 이 광경을 바라보는 그녀 표정이 온종일 쓸쓸했다. 억울함도 분함도 다 체념한 듯 눈빛이 아득하기만 했다. 이따금 과일 쪽을 들고 도로를 건너와 보지만 사람들은 번거롭게 건너가서 사려 하지 않았다.

나는 그녀에게서 어릴 적 우리 집에서 길렀던 매리를 보았다. 이웃인 길성이네는 인삼밭을 관리할 목적으로 송아지만 한 사냥개를 키웠다. 이웃마을 연동에도 총잽이라 불리는 포수에게 사냥개가 있었다. 둘 다 기골이 장대하고 사나웠다. 이들이 동네를 지날 때면 매리 같은 녀석들은 꼬리를 내리고 등을 꼬부린 채 슬슬 피했다.

만나기만 하면 으르렁거리던 녀석들이 어느 날 밤 전쟁을 벌였다. 서로 뒤엉켜 물고 뜯었지만 무서워서 누구도 말리지 못했다. 온 동네 개들까지 덩달아 짖어대자 난리 속이었다. 한 놈이 금방이라도 죽을 듯 자지러지며 골목을 빠져나갔다가도 얼마 뒤에는 다시 엉킨 채 돌아오곤 했다. 괄괄한 그 소리가 사립문에 가까워지면 매리는 쏜살같이 숨어들었다.

과일가게 여인 45

내가 어슴푸레 잠든 후에도 살벌한 싸움은 여전히 이어졌다.

이튿날 골목과 길성이네 마당에 피가 여기저기 묻어 있었다. 그런데 매리가 사라지고 없었다. 식구들은 아침도 먹는 둥 마는 둥 하고 사방으로 매리를 찾아 나섰다.

동네 아래 싱구실 논에는 아버지가 내다 놓은 두엄들이 군데군데 보였다. 어떤 무더기 위에는 노란 비료 부대가 버려져 있기도 했다. 처음에는 지나쳤으나 아무래도 걸려 다가가 보니 매리가 쓰러져 있었다. 목 주변에 피가 낭자했다. 아무리 흔들어도 매리는 두려움에 떨기만 했다. 겨우 세웠으나 다시는 돌아가고 싶지 않은 듯 온몸으로 버텼다. 얼마나 불안한지 천지가 환한 아침인데도 눈에 불까지 켠 채 경계를 했다. 가까스로 큰길까지 안고와 내려놓았더니 비틀거리다 하마터면 내에 떨어질 뻔했다.

그녀도 매리처럼 비틀거렸다. 삶의 궤도에서 밀려난 사람처럼 매사에 의욕을 잃어 시들시들 말라갔다. 허울과 편리만 좇는 세상 사람들을 믿었던 게 오산이었을까. 사람들은 아랑곳없다는 듯 오늘도 예전처럼 채소를 사고 바로 옆 과일가게에 들렀다가 총총 사라져 버린다.

상처가 나 곁으로 흘러야만 피던가. 생존경쟁의 냉엄한 세계는 사람이나 동물이나 정녕 피할 수 없을까. 힘 있는 쪽과

없는 쪽의 명암이 극명하게 대비되는 어쩔 수 없는 씁쓸함. 만물의 영장이라는 인간 세계도 동물과 크게 다를 바 없다는 현실이 오늘은 왜 이렇게 부끄러운지 모르겠다.

  수박을 받아드는 내 눈은 그녀에게 헤아릴 수 없이 많은 말을 건넨다. 고단한 일상 중에도 애써 웃음을 잃지 않는 미소가 나를 찡하게 한다.

미로

제주 여행 마무리로 오후엔 김녕의 미로공원에 갔다. 여러 갈래로 갈라져 섞갈리기 쉬운 길은 양옆으로 랠란디라는 나무들이 촘촘히 서 있다. 삼 미터는 족히 넘어 미로 밖을 전혀 내다볼 수 없다. 뱀이 똬리를 튼 형상처럼 길이 절묘하게 꼬아져 있어 흥미가 인다. 나는 자신감으로 상기되어 보무도 당당하게 미로 안에 들어섰다. 삼삼오오 출발한 일행은 서로 다르게 나선 길이 가장 옳은 길인 양 서둘러 미꾸라지처럼 사라졌다. 누가 먼저 종을 울릴 수 있을지 기대가 컸다.

발품을 얼마간 팔고 나서야 만만치 않음을 알았다. 기대를 걸었던 길이 엇갈리는가 하면, 뜻하지 않은 곳에서 낯선 일행을 다시 만나기도 해 웃음보가 터졌다. 가까스로 새로운 길을 찾았는가 싶었는데 돌아서 보면 오십보백보다. 시행착오를 거듭해가던 나는 마침내 방향 감각을 잃고 말았다. 뺑뺑이를 돌며 우왕좌왕 허둥대는 내 모습이 불현듯 습작기 어느 날의 나를 연상케 했다.

좋은 글을 대할 때마다 일었던 막연한 기대감으로 수필 강의실 문턱을 넘었다. 봄이 두세 차례 지나면서 어렴풋이나마 수필의 향기를 가늠할 때였다. 틈틈이 배운 이론을 바탕으로 불필요한 가지를 잘라내도 터덕거리기는 매한가지였다. 여유보다는 허우적거리기 일쑤였다. 이럴 때마다 푸념을 들어주던 친구는 어렵사리 한 사람을 연통해 주었다.

굵직한 문학상을 두루 받은 분이니 어려워 말고 두드리란다. 막상 남루한 글을 보이려니 용기가 나지 않았다. 며칠을 고심했다. 당나라 시인 백낙천은 무식한 노파에게 시를 들려주고 못 알아듣는 말은 바꿔 썼다고 하지 않은가. 어떤 고언도 달게 받으리라 마음을 다졌다.

수화기 너머 들려오는 예리한 지적에 나는 적이 당황했다. 일순간 긴장감이 몰려오면서 집 안 공기가 답답하게 느껴졌다. "어휘 구사가 적절하지 못하다. 소재와 주제와의 관계가 멀다. 전달하고자 하는 뜻이 희미하다. 자칫 자신만 아는 글이다. 등등…." 얼핏 시계를 보니 시침이 무려 두 칸을 넘고도 한참 지나고 있었다. 부실한 내 글에 놀라 메모하던 손이

뻣뻣해지더니 급기야 파르르 떨리기까지 했다. 어느새 수화기는 땀에 흠씬 젖어 있었다. 나의 결점들이 적나라하게 드러날 때마다 벌거숭이가 된 채 숨소리마저 기어들어갔다.

시종일관 예를 갖춘 강평이었다. 왕도가 없는 게 글쓰기란다. 정진하기 바란다는 맺음말이 귀에 들리지 않았다. 고마움과 부끄러움으로 범벅된 얼굴에도 진땀이 흥건했다. 수화기를 어떻게 내려놓았는지도 몰랐다.

습작품 가운데 가장 나은 녀석이라 여겼던 생각이 여지없이 무너졌다. 내 속은 큰물이 지나간 강이 되고 말았다. 짙은 안갯속의 미로처럼 얽히고설킨 실타래를 어디에서부터 풀어야 할지 혼란스러웠다. 노트를 덮어둔 채 고개를 돌렸다.

출장에서 돌아온 남편은 일찍 잠이 들었다. 태연하려 해도 시시각각 떠오르는 낮 동안의 혹평에서 내내 벗어나지 못했다. 그동안 나태와 타협했던 시간들이 되돌아와 내 모습을 구경하는 것 같았다. 천장에는 해부 당한 문단(文段)들이 밤새 떠돌아다니며 나를 조롱했다.

선잠에서 깨어나니 어제 일이 제일 먼저 서늘하게 달려왔다. 마지막 잎마저 다 떨어진 나목처럼 마음이 몹시 추웠다. 쓸데없는 성급함만 키운 자신이 딱했다. 타성에 젖어 강의실을 드나들었을 뿐 지금까지 초석조차 다지지 못했나 싶으니 스스로가 초라하기 짝이 없었다.

어제부터 줄곧 마음속에서 열이 나던 나는 쌀바가지를 내려놓은 채 그만 주방 바닥에 주저앉아 울고 말았다. 지칠 대로 지친 끝에 울상이 되어 가까스로 다다른 곳이 막다른 미로인 것처럼. 가슴속에서 절여진 속울음이 뜨겁게 복받쳤다. 헛되게 보낸 지난 시간들, 그리고 보잘것없는 내 현주소 응어리가 뭉텅뭉텅 녹아 나왔다. 깜짝 놀라 잠이 깬 남편은 첫 술에 배부르겠느냐며 초심으로 임하라고 다독였다. 설움에 겨운 눈물바람을 어떤 말이 위로할 수 있으랴. 글쓰기가 갈수록 두려웠다.

메모가 생각날 때마다 베란다 청소를 하고 화초에 물을 주며 외면했다. 친구를 만나고 영화를 보는 동안 보름이 훌쩍 지났다. 그런데 참으로 이상한 것은 아무리 외면하려 해도 마음 한구석은 여전히 아렸다. 가슴앓이를 이대로 내버려 두기엔 내가 비겁하고 못난 사람이란 생각이 슬며시 고개를 들었다. 낯선 내게 두 시간이 넘도록 기꺼이 할애해 준 분의 성의를 이대로 묻어둘 수만은 없었다.

늘어진 마음 줄을 팽팽하게 당겼다. 처음 시작하는 마음으로 먼지 쌓인 노트를 열고 오랜만에 컴퓨터 앞에 앉았다. 메모를 되새기면서 상처투성이 글을 깨웠다. 차분히 기둥부터 세우고 가지를 붙여갔다. 더러는 초록 잎도 붙였다. 산발적인 내용이 서로 융화가 되도록 따스한 입김도 불어 넣었다. 속살에 입은 생채기가 서서히 아무는 시간이 필요하듯 거듭 다듬고 쓸었다. 굳은살이 층층이 박이는 진통쯤은 의당 감내해야 할 내 몫이었다. 그동안의 상처가 아픔을 견디는 내성을 길러 주었나 보다.

의지가 느슨해질 때마다 고단했던 이 순간을 떠올려야겠다. 조약돌은 오랜 세월 비바람에 갈리고 거센 물살에 부대껴야 부드럽고 둥근 모습으로 거듭나지 않던가.

나는 땀이 나는 것도 잊은 채 미로를 헤맸다. 공원에는 어느새 어둠이 내리고 있었다. 멋모르고 들어섰던 미로공원은 고요 속에서 내게 깊은 말을 건네는 것 같다. 멀어지는 랠란디 나무 숲 어딘가에서 종을 치는 소리가 들려왔다.

풍경 소리

　정수 아버지는 지병으로 끝내 운명하고 말았다.
　오 년 전에 이혼하여 근근이 삼 형제를 돌봐오던 터였다. 맏이인 정수는 그 슬픔을 추스를 겨를도 없이 아버지가 남긴 빚으로 집이 경매에 넘어갈 위기에 처했다. 집을 팔아 빚부터 갚아야 했으나 미성년인 까닭에 어머니가 필요했다. 게다가 곧 입대까지 해야 하는 상황이었다. 두 동생을 바라보니 연락이 끊긴 어머니 생각이 어느 때보다 간절했다. 누구보다 보살핌이 절실한 어린 막내에게는 어머니가 필요했다.
　틈틈이 아르바이트하면서 오래전 어머니를 봤다는 동네를 수소문하고, 그 동네 사람을 통해 다시 이사 간 어머니 행방을 찾아 수없이 헤맸다. 하지만 주소를 찾는 발품은 노상 헛수고에 그쳤다. 어디를 둘러봐도 희망의 지푸라기 하나 잡을 수 없는 나날이 지속되었다.

　그러다 십여 일 전 가까스로 소재를 알게 되었다. 간곡한 간구를 신은 허투루 듣지 않았나 보다. 비로소 마음 놓고 입대를 할 수 있으리라는 희망에 부풀었다. 집과 가까운 을씨년스런 무허가 철거민촌. 귀신이라도 나올 것 같은 골목에서 자정이 가까워서야 가슴 시린 이름을 마침내 부르게 되었다.

　"어머니!"

　어머니는 짐짓 놀라면서도 애써 외면했다. 돌아가라는 첫마디에 정수는 억장이 무너지고 말았다. 어머니와의 거리가 갑자기 천 리나 되는 것처럼 아득했다. 자신이 그토록 그리워했던 사람이 아니었다. 아버지가 돌아가신 것은 아느냐고, 우리가 얼마나 보고 싶어 하는 줄 아느냐고 애원했지만 차분했다. 몇 년 만의 해후인데 눈이라도 마주 보면 좋으련만 끝까지 고개를 돌리지 않았다.

　어머니와 도저히 잇닿을 수 없음을 확인한 어린 가슴은 어기찬 밀림에 속절없이 돌아섰다. 할 말은 산더미였으나 바윗덩어리 같은 발길을 옮겼다. 가슴 깊은 곳에 고여 있던 글썽임이 절로 출렁거렸다. 생에 대한 의욕이 한순간에 상실의 바닥으로 떨어져 자신의 운명을 향해 돌팔매질이라도 하고 싶었다. 때마침 추적거리는 겨울비가 정수 가슴을 흥건히 적셨다. 어디를 봐도 자신의 앞날처럼 사방은 어둠만 가득했다.

 자식이 어미를 따르는 이치는 미물도 다르지 않으리라. 먹먹하게 다큐멘터리를 보다 몽골 초원에서의 일이 어룽져 왔다. 승마체험을 하는 시간, 겁이 많은 나는 일부러 키가 작은 말을 선택했다. 일행들은 기다렸다는 듯 저마다 이색적인 여행의 스릴을 즐겼지만 나는 두려움에 가슴이 콩닥거렸다.

 나를 태운 말은 줄곧 무리 가운데로만 갔다. 그 바람에 양쪽에 키 큰 말들의 튀어나온 골반에 내 무릎이 끼거나 부딪칠 때마다 매우 고통스러웠다. 키가 작은 말을 선택한 게 오산이란 걸 깨닫는 데는 얼마 가지 않았다. 엇비슷하게 스치다가도 부딪치겠다 싶을 때면 반사적으로 다리를 안쪽으로 오므렸다. 그때마다 안장과 연결된 다리 쪽 밧줄의 굵은 매듭에 눌린 복숭아뼈까지 무척 아팠다. 승마체험이고 뭐고 눈물이 찔끔거려 그만 내리고 싶었다. 말의 방향을 가장자리 쪽으로 조절하고 싶었으나 자칫 엉뚱하게 날뛰기라도 할까 봐 꼼짝할 수조차 없었다. 여기에 말을 인솔하는 현지인은 이따금 녀석들이 일정구간을 뛰게끔 구호를 외쳤다. 속도감으로 흥에 겨운 이들이 이 순간을 영원히 잊지 못하겠다는 듯 비명을 지를수록 나는 사색이 되었다. 말이 뛸 때에는 부딪치는 고통의 강도도 심했기 때문이다.

녀석이 가장자리로 가면 좋으련만 시종일관 양쪽의 두 말 사이를 벗어나지 않는다고 투덜대자 누군가 필경 어미와 아비일 것이라고 했다. 녀석들도 어미와 아비를 따르는 습성이 있다고 했다. 그러고 보니 처음부터 부모인 듯한 양쪽 말을 따르고 있었다는 것을 깨달았다. 아니 어쩌면 양쪽에서 새끼를 보호하며 달렸는지도 모르겠다. 내 사정은 모르는 말이 어미·아비를 두고 다른 말들을 따라야 할 이유가 없었다. 그 덕에 사백여 미터가 넘는 반환점을 돌아 제자리로 돌아올 때까지 나는 얼굴이 창백한 채 고통을 온몸으로 감수해야 했다. 무릎과 복숭아뼈 안쪽에는 어느새 벌건 멍이 주먹만 하게 돋아 있었다.

사람이나 동물이나 끊을 수 없는 천륜을 어찌하랴. 미물도 어미·아비를 따르는 지극히 자연스러운 섭리에 하물며 사람임에랴. 부부끼리야 가능할 수 없는 애증이 소용돌이쳤을 지라도 자식에게까지 모진 선택을 할 수밖에 없는 저 어머니 현실이 안타깝다.

이때 창틈으로 들어온 바람이 거실에 매달린 풍경을 싱그르르르릉 울린다. 갈수록 이기로 치닫는 세태를 풍경소리가 경고하는 것 같다. 새끼가 어미를 따르고 어미가 새끼를 돌보는 그 단순한 정이 한겨울 볕처럼 그리운 세상이다.

조약돌

　남편이 총각 시절 위도에 갔을 때 따라왔다는 그는 내 마음을 매혹하기에 부족함이 없다. 아기자기한 모습에 일단 눈길이 머물면 좀처럼 헤어나질 못한다. 요모조모 볼수록 오목한 용모에 매료되어 사랑에 눈뜨던 사춘기의 나를 보는 것 같다.
　얼마나 오랜 시간 마모를 거듭했으면 살갗이 이리 보드라운 감촉으로 거듭날까. 조약돌에서 지난한 세월을 읽는다. 여느 몽돌과는 그 격이 다르다. 아기 볼을 쓰다듬는 느낌이 이렇다 할까. 손바닥으로 전해오는 맨살의 촉감이 감미롭다. 둥글납작한 형상이 대부분이나 어떤 녀석은 타원형이요, 묘하게 휘돌아 간 놈은 꼭 소라를 닮았다. 영락없는 조가비도 있다. 저마다 다른 상을 지녔어도 어느 한 곳 모난 데가 없이 한결같이 반드럽다. 모진 세파 속에 자신을 조금씩 내려놓음으로써 오늘에 이르렀음을 생각하니 그 걸음이 장해 보인다.

대개 조약돌은 한 가지 색이 주류지만 녀석들은 한 몸에서도 다채로운 색을 지녔다. 몸의 삼 할이 잿빛을 이루는 놈은 중간에 살구 톤으로 번지는가 싶다가 나머지는 미색으로 갈무리되었다. 그런가 하면 다홍색을 온몸에 입은 녀석은 오밀조밀한 선이 하나씩 늘어날 때마다 농담이 달라지는 절묘함에 탄성이 나온다. 어떻게 이리 오묘한 하모니를 이룰 수 있는지 기특하다. 바닷물과 바람과 햇볕의 정기가 적절히 버무려져 곰삭으면 이렇게 영롱한 색채가 생성되는 것일까. 돌이라기보다는 옥으로 격상시켜 주고 싶다. 녀석들은 전체적으로 은은한 색을 띠고 있어 자신을 드러내지 않으려는 절제와 겸양까지 갖췄다.

이들도 나무처럼 연륜이 쌓이는 것일까. 고만고만한 몸에 유려한 문양도 갖추고 있다. 게다가 이미지도 다양하다. 실금이 외씨버선 코처럼 유선형으로 돌아가다 어느 지점에서는 지문처럼 흐르기도 한다. 구불구불 꼬부라진 무늬가 등고선 같은가 하면, 파도가 층층이 밀려오는 문양도 있고 서녘 하늘의 노을 형상을 띤 것도 있다. 섬세한 선과 색이 만나니

산이 되고 새가 되어 수묵화를 이루고 담채화를 그려냈다. 어느 화가의 못다 이룬 꿈이 조약돌 속에서 환생이라도 했을까. 어설픈 붓끝으로는 흉내 낼 수 없는 조화를 보며 자연의 경이로움에 외경심마저 인다. 사람이 정성으로 빚어낸다 한들 이만할까. 아무래도 녀석은 신의 손길이 지나간 듯 싶다. 그렇지 않고서야 어떻게 이리 예스러운 모습을 담아낼 수 있으랴.

동글동글 매끄러운 것이 미려한 문양에다 영롱한 색조까지 지녔으니 이 아니 어여쁘랴. 사람으로 치자면 단아하면서 맵시까지 지닌 여인 같다고 할까. 무심코 바라보면 다가가서 어루만지고 싶은 충동에 사로잡힌다. 첫사랑에 상기된 마음이 이와 비슷할까. 녀석은 어느새 서른 지기가 다 되었다.

그 옆에는 어른 주먹만 한 흙빛 몽돌과 황토색 몽돌도 나란히 누워있다. 수족관에서 걸어 나온 이들은 먼 데서 보면 더할 수 없이 다정해 보이는데 표면은 꺼칠하다. 요리조리 보아도 물 찬 제비 같은 조약돌에는 비견할 바가 아니다. 이 조약돌도 분명 몽돌과에 속하나 어느 해변 출신이다 자랑하지 않고 제가 더 잘났다고 뽐내지도 않는다. 더 잘 보이고 좋은 자리에 놓이려고 애써 자리다툼도 하지 않는다. 그저

대나무 바구니에 조신하게 놓인 채 서로 어깨를 기대고 더불어 산다. 녀석은 어찌 보면 묵언 수행 중인 수도승 같다.

아무래도 조약돌이 우리 집에 온 이유는 따로 있는 것 같다. 삶이 늘 그렇듯 일상에 묻혀 살다 보면 모난 마음이 쉬 사그라지지 않을 때가 있다. 세상사가 마음먹은 대로 되지 않을 때는 내 가슴만 시린 줄 알았다. 그럴 때 문득 녀석을 보면 무심한 듯 초연한 모습이 은연중 나를 일깨운다. 침묵 속에서 묘한 울림이 가슴에 파문을 일으킨다. 각진 감정도 삭이다 보면 두루뭉술해지니 연륜이 깊어질수록 세상을 둥글게 품는 도량을 지니라 이른다. 깊은 강일수록 조용히 흐른다 했던가. 제 몸이 저리 닳는 동안 안으로 얼마나 많은 시간을 무두질했을까 생각하니 세상을 대하는데 옹졸했던 자신이 부끄러워진다.

가본 적 없는 곳이기에 더 애틋한 것일까. 밀려왔다 밀려가는 파도에 몸을 맡긴 채 사르륵사르륵 수행 중인 몽돌들이 눈에 선하다.

퍼즐 | 질경이 | 경계경보 | 어떤 봄날 | 분갈이
고독한 도전 | 왼손잡이 | 기다림 2 | 구절초 | 비움

2.
고독한 도전

그는 작품에 한번 빠지면 미친 듯 몰두했다. 온몸이 톱밥과 대팻밥으로 범벅이 된 채 시간 가는 줄 모르고 혼신의 힘을 쏟았다. 어지럽게 쌓인 톱밥은 그의 땀방울이나 다름없었다. 나무토막 같은 자신의 다리를 되살리는 길은 거친 나무에 생명을 불어넣는 일이라 믿었다.

퍼즐

혼자 여행을 떠났다. 나와 이어진 모든 관계에서 잠시 벗어나 순수한 자연인으로 돌아가고 싶었다. 삼복더위는 나보다 더 끓는 기세로 덮쳐왔다.

비바람에 씻기고 폭풍에 견디며 스무 성상이 넘게 빚어진 조각이 또 다른 조각과 조화를 이뤄가는 과정은 흥미로우면서도 때론 버겁다. 모두 시행착오를 거듭하며 발을 맞춰가지만, 소리는 뜻하지 않은 곳에서 났다.

검은 머리가 온전히 세는 날까지 삶은 하나하나 맞추어가는 퍼즐게임과 같다. 이만하면 무난하게 아귀가 맞을 것 같지만 조금만 귀가 닳고 훼손되어도 그림이 어색해지는 퍼즐게임. 날카로운 모서리가 이젠 많이 닳아 뭉툭해졌지만 그 끝에 부딪치면 아직도 아프다. 모양이 다른 조각들은 저마다 물음표를 제시하며 기다리고 있지만 해답은 여의치 않다. 가까스로 맞춰 순조롭게 이어지는가 싶다가도 뜻밖의 골목에서 막혀버리고 마는 삶의 압축판이다. 애초부터 내 조각을 애써 맞추어 왔던 것이 문제의 발단이었을까. 어설픈 두 조각 퍼즐은 기나긴 삶의 여정에서 첨예하게 대립했다가도 어느 순간 날이 무디어져 무던해지기도 하는 모순덩어리다. 인연의 테두리 안에서 그렸다가 지우고 또다시 그리기 시작하는 시지포스의 생이라 할까.

 일정한 거리를 두고 바라볼 때 동경은 오래간다. 마모된 세월 속에 묻히니 객관적으로 바라볼 수 있는 눈이 흐려져 어리석은 중생이 된 자신을 발견한다.

 역 근처 해장국 집에 들어갔다. 허름한 차림의 할아버지가 식탁을 차리고 할머니는 주방에서 국을 끓였다. 국이 식기를 기다리는데 할머니와 할아버지는 커다란 양은솥을 가운데 두고 마주 앉아 버섯을 다듬었다. 텔레비전 소리에 묻혀 무슨 말인지 알 수 없으나 오순도순 이야기를 나눈다. 흰 머리 사이로 드문드문 검은 머리 몇 올만 날리는 그림이 정겹다. 함께 늙어가면서 손발을 맞추는 모습이 내 가슴에 꽂혀 그렁한 눈으로 해장국이 식는 줄도 모르고 바라보았다. '그래 사는 게 별건가? 같은 곳을 바라보며 함께 걸어가는 평행선인 걸….' 지극히 평범한 모습에서 삶의 지혜를 발견한 아침, 문을 나서는 내 옷자락에서 쓸쓸한 바람 소리가 나는 듯했다.

발길 닿는 데마다, 마음 가는 곳마다 염려와 위로가 나를 에워싸고 놓아주질 않았다. 고마운 인연들, 살가운 마음 씀. 세상을 허투루 살지 않았다는 것을 일깨워주는 울림들이 마음속 현을 오랫동안 울렸다. 나보다 더 큰 고통 속에서도 의연히 살아가는 모습들을 바라보며 내 손톱 밑 가시만 아프다고 외친 것이 부끄러웠다.

내가 앓았던 만큼 나머지 조각도 앓았나 보다. 바람결에 젖은 목소리가 설핏 지나갔다. 그 순간 못난 조각을 기다릴 반쪽과 예속된 여린 조각들이 스치며 마음이 급해졌다. 어딜 가도 어쩔 수 없는 어미요, 아내요, 주부임을 자각하며 흐트러진 마음을 추슬렀다.

언젠가 세상과의 벽에 또 부딪칠지라도 완성된 그림을 위해 오늘도 퍼즐을 맞추어 간다. 비틀거리다 넘어지고 다시 일어설지라도 나머지 삶의 여백을 위해 철부지 조각은 입술을 깨문다. 뒤집어보고 가로 세로로 퍼즐을 맞추어 가면서 줍게 되는 보석 같은 시간들이 오늘의 옹이를 덮어주고 흡수하겠지.

낮은 밤이 되고 밤은 또 새로운 아침을 맞는다. 지난날에 연연하다 소중한 시간을 놓친 것 같다. 미완의 그림이 될지라도 숨이 멎는 날까지 큰 그림을 짜 맞추기 위해 차분히 퍼즐 조각을 챙겨본다.

질경이

 그녀는 마른 풀잎처럼 누워 있었다. 전신을 침대에 부려 놓은 채 손끝 하나 움직이지 못했다. 생전의 부지런함은 온 데간데없이 마지막 숨줄마저 놓기 버거워했다. 멎어가는 숨을 망연히 바라보고만 있어야 하는 현실이 안타까웠다.
 동네 앞 개울에서 미역을 감거나, 땅따먹기 할 때도 내 곁엔 그녀가 있었다. 학교에서 돌아오면 보리쌀을 씻어놓고 놋수저로 감자 껍질을 벗길 때도 함께 했다. 내가 두 개 벗기면 새 개째였고 절반을 했을 땐 다했을 정도로 일을 잽싸고 야무지게 했다.
 결혼을 해 멀지 않은 도시에 사는 그녀 소식을 가끔 접했다. 한동안 평온하게 사는가 싶더니 현실은 그의 소매를 걸어붙이게 했다. 남편이 운영하던 사진 현상소가 문을 닫자

당장 아이들 교육비며 생계가 막막했기 때문이었다.

급한 대로 음식점에 뛰어들었다. 변변치 않은 수입은 네 식구가 생활하기엔 곤궁했다. 가까스로 취직한 남편은 얼마 가지 않아 적성에 맞지 않다며 손을 놓았다. 그렇게 들쭉날쭉한 날들이 일 년이 가고 삼 년이 흐르더니 종국에는 실업자 신세를 면치 못했다. 갈수록 높아가는 교육비며 전세금은 숨통을 조여 왔다. 남편의 기약 없는 실직은 마음 놓고 숨 쉴 겨를도 허락하지 않았다.

그녀가 편안한 시선으로 꽃이 핀 것을 본 게 언제인지 까마득하다. 가스 불이 너울거리는 화구들 앞에서 밤늦도록 매운탕 뚝배기를 들고 나를 때면 온몸이 물먹은 솜 같았다. 산더미처럼 쌓인 개수대 그릇은 하루하루를 넘어야 할 산처럼 보였다. 그런 모습을 볼 때면 "어디 가서 막일이라도 하라고 해야지 왜 홀로 짐을 지느냐?"고 나도 모르게 화를 냈다. 그녀는 원망도 한탄도 오래전에 체념한 듯 말이 없었다. 낮이면 직장에서 종종거리고 집에 오면 어머니에다 주부까지 삼 역을 해내느라 몸은 금 간 부스러기가 따로 없었다. 버거운 세월에 부대낀 얼굴은 언제나 까칠하고 해쓱했다.

언젠가는 통화 중에 내 등짐은 왜 이렇게 무겁냐며 울먹였다. 대책도 없이 그 말을 들어야 하는 게 암담했다. 그때마다 묵묵히 들어주는 일뿐이라는 점이 나를 서글프게 했다. 겉으로는 단단해 보였지만 그녀도 가녀린 여성임엔 틀림없었다. 이튿날 전화를 하면 언제 그랬냐는 듯 다시 생생했다. 당면한 일상은 자신이 껴안을 삶임을 받아들여 이미 한살이 돼 있었다. 모진 세파에도 의연한 모습을 보면 더러는 내 등의 짐도 무겁다는 말을 할 수가 없었다.

고단한 생활에도 유일하게 위안이 되는 것은 부모를 한결같이 섬기며 올곧게 자라는 아이들이었다. 사는 게 아득할 때마다 아이들을 보면 용기가 솟았다. 아이들도 그런 어머니를 위해 웬만한 집안일은 스스로 해결했다. 두 아이의 어머니라는 이름은 바로 그녀를 살게 하는 힘의 원동력이었다.

애면글면 살아온 삶 속에도 볕 들 날은 있었다. 철저한 내 핍생활을 한 덕에 가까스로 조그만 분식집을 열게 되었다. 인근 상가에 칼국수며 수제비 배달이 늘어나기 시작했다. 처음으로 가진 가게 일은 잠까지 덜어가며 해도 고단한 줄 몰랐다.

그런 그녀가 어느 날부터 시름시름 앓았다. 기침이 잦아지더니 조금만 걸어도 숨이 차올랐다. 하지만 가게 일은 입소문을 타고 번진 손맛으로 갈수록 바빴다. 그녀는 척박한 환경에서도 강인한 생명력으로 살아가는 질경이 같았다. '내일은 병원에 가봐야지….' 하고 벼르다가 또다시 봄을 맞았다.

검진 결과를 기다리는 모습이 온통 초조함으로 굳어 있었다. 온몸이 붓고 얼굴이 파래지며 숨 가쁨을 호소하던 그녀에게 의사가 내린 병명은 심부전증, 청천벽력이었다. 심장이 펌프 기능을 상실했다는 것이다. 하루빨리 수술을 권하는 의사를 뒤로하고 도망치듯 병원을 빠져나왔다. 글썽거리는 눈물 속에 가족들 얼굴이 떠올라 혼란스러웠다.

의사의 말이 생각날 때마다 미친 듯이 일을 했다. 피하면 피할수록 그 말은 더 가까이 다가와 귀청을 울렸다. 아무리 생각해도 자신이 부양할 가족을 생각하면 아직은 때가 아니었다. 마취에 대한 위험부담 또한 수술을 늦출 수 있을 때까지 미뤄야만 하는 이유가 되었다. 몸은 천 근 같은데 가게에서는 그릇 부딪는 소리가 빨랐다.

여름이 막바지에 이를 무렵 그녀는 조그만 아파트를 장만하게 되었다. 참으로 오랜만에 상기된 목소리를 들을 수 있었다. 새집에 찾아갔을 때 그녀의 얼굴은 전에 없이 행복해 보였다. 아이들도 다 자라 제 몫을 근근이 하고 있어 이래저래 마음이 든든하다 했다.

그녀는 그때야 수술 결심을 굳혔다. 수술만 잘되면 이제 만사 걱정이 없을 것 같았다. 다가오는 가을은 어느 때보다 아름다운 계절이리라 생각했다. 호사다마(好事多魔)라 했던가. 열기가 기운을 잃은 여름의 끝자락에 끝내 그녀도 의식을 잃고 말았다. 얄궂은 운명은 겨우 한숨 돌리기가 무섭게 허리 펼 겨를은커녕 다시는 일어설 수 없는 형벌을 안겼다. 숱한 비바람에도 인내와 끈기로 견뎌냈던 질경이는 마침내 생의 종착역을 향했다.

그의 나이 쉰하나. 그녀는 하얀 침대 위에 석고처럼 누운 채 가슴으로 한없이 울고 있는 것 같았다. 늘 안타까운 심정으로 바라보던 고향 까마귀는 그렇게 홀연히 내 곁을 떠나갔다.

경계경보

평소 같으면 컴퓨터 앞에 앉아 있을 애였다. 녀석은 밥도 뜨는 둥 마는 둥했다. 희망의 날개를 거세당한 듯 모로 누운 채 날마다 제 방에서 굴을 팠다. 부단히 매진했던 지난해를 자포자기라도 하는 듯싶었다. 동생들이 이따금 들락거려도 적요하기만 했다. 세상의 고독이란 고독은 다 모아 아이 방에 가두어 놓은 것 같았다.

녀석은 결연한 의지로 수능을 다시 준비했던 마당이었다. 공부를 곧잘 했던 터에다 한 해를 더 했으니 올해는 무난히 해낼 것이라고 믿었다. 하지만 불안한 마음은 가시지 않았다. 오른 점수보다 더 큰 도시의 높은 곳을 바라보고 있었다. 이 지역 학교도 같은 분야이니 한 생각 돌이켜 멀리 내다보면 별일도 아니었다. 부담을 안은 채 끝내 원하는 학교로 상향

지원을 했다.

　결과는 냉정했다. 합격자 대열에 끼지 못하고 후보 스물한 번째라는 통보를 받았다. 경계경보였다. 그때야 나는 꿈에서 깨어나 속이 울렁거리기 시작했다. 해마다 스무 명가량만 추가 등록을 했다 하니 아득했다. 경쟁률이 높은 만큼 추가 합격자 문도 좁았다. A대학 가는 길은 호락호락하지 않았다. 녀석은 그날부터 침상에 저리 붙박이가 되었다. 절망감에 빠진 아이에게 함부로 말 붙이기도 조심스러웠다.

　뜻대로 원서를 쓰겠다는 아이 뜻을 반대하면서도, 한편으론 자신감에 찬 판단에 은근히 기대를 걸었다. 더 현명할지도 모를 일이었다. 패기로 뭉친 아이는 그렇다 치더라도 냉철하게 판단해야 할 나마저 부동(浮動)한 셈이니 누굴 탓하랴. 탄탄 믿었던 게 부끄러웠다. 내가 얼마나 큰 오산을 범했는지 진저리가 났다. 어미가 되어 숨은 노력 하나 없었음이 죄책감으로 다가왔다. 수능생 어머니들이 저마다의 방법으로 갖은 공을 들이는 이유를 그제야 알 것 같았다. 바람 앞 촛불 같은 희망을 가만히 앉아서 기대하기엔 불안했다.

　지푸라기라도 잡고 싶었다. 산천이 거듭 변하도록 외면했던 성당이 생각났다. 없는 용기를 내어 어렵사리 걸음 했으나 굳게 잠긴 문 앞에 발길을 돌리고 말았다. 을씨년스런 날

씨는 마침내 눈발까지 휘몰아쳤다. 돌아서는 마음이 더없이 추웠다. 백 척의 장대 끝에 서 있는 자식을 보고도 구해내지 못하는 어미가 보잘것없는 존재인 것 같아 서글펐다.

　거실을 서성이다 무심코 바라본 부처상에 시선이 꽂혔다. 불자도 아닌 내게 지인이 조각에 심혈을 기울였다며 선물한 저 부처상에는 불현듯 영험한 기운이 서려 있을 것이라는 생각이 들었다. 이 절박함을 누구보다 잘 헤아리리라는 믿음이 갔다. 그날부터 소반에 정화수를 떠다 놓고 촛불을 켠 뒤 기도를 드리기 시작했다. 부처께서 원하신다면 나를 어떤 도구로 삼아도 좋으니 아이에게만은 서광을 달라고 애원했다. 내년에는 캠퍼스를 드나드는 청춘들 속에 저 아이도 동행할 수 있도록 늪에서 이제 그만 건져 주시라고 요행을 바란 죄 달게 받겠으니 부디 날개를 달아 달라고 매달렸다. 인자하던 부처는 어느 순간 엄한 표정으로 변해 나의 나태를 질책하는 것 같았다. 그럴지라도 지성을 쏟다 보면 이 간절함이 털 끝만치라도 전해지리라는 기원을 놓고 싶지 않았다. 아이를 향한 측은지심과 좀 더 일찍 공을 들이지 못한 회한이 한꺼번에 소용돌이치자 눈물샘이 복받쳐 올랐다. 얼마나 기도를 했을까. 눈물과 콧물로 범벅된 다리가 돌덩이 같았다.

　버리고 내려놓을수록 욕망은 끈적끈적 달라붙어 사람을

경계경보 75

어찌할 수 없게 만드는 것일까. 딴엔 걷어낸 줄 알았는데 여전히 비우지 못한 거품이 결국 아이를 고통 속으로 몰아넣은 것 같았다. 오른 점수에 비해 탐욕의 수치를 고무줄처럼 늘렸으니 올해도 열외가 된다면 아이를 바로 잡아주지 못한 내 탓이리라 생각했다. 사람이라서 어쩔 수 없이 거는 기대도 필요 이상은 금물이라고, 경계경보는 시시각각 날카로운 울림으로 나를 옥죄어 왔다.

성탄절을 따라 설도 지나갔다. 주변은 합격 선물을 준비하는 사람들로 술렁거렸다. 이즈음엔 행여 올지도 모르는 연락 때문에 잠시도 집을 비울 수가 없었다. 아침 해가 떠오를 때마다 '오늘은….' 하고 희망을 걸어보지만, 땅거미와 함께 절망의 그림자만 매번 다녀갔다.

이월이 중순을 향하자 불안한 마음도 눈덩이처럼 불어났다. 어떤 아이는 벌써 학원에 등록했다는 소리도 들려왔다. 나도 나지만 아이는 아이대로 침묵 속에서 얼마나 많은 후회를 하며 몸부림칠까 싶으니 속이 짠했다. 절실한 순간에 기대고 싶은 '운'이라는 것이 정녕 우리에게는 먼 이야기 같았다.

끊임없는 기도도 아랑곳없이 삼월을 보름쯤 남겨 놓았을 때 뜬금없이 아이가 자리를 털고 일어났다. 다시 시작하겠다는 목소리에 물기가 서려 있었다. 뭔가 용기주는 말을 해야겠는데 삼수를 하는 고단함이 어른거려 내 눈에도 눈물이 울컥거렸다. 그때 돌연 전화벨이 울렸다.
 "이민영 씨 댁이지요? A대학입니다. 추가합격 하셨으니 다섯 시까지 등록하세요."
 부둥켜안은 두 가슴에 겨우내 쌓인 응어리가 한꺼번에 녹아내렸다. 글썽거리는 눈으로 바라본 세상은 온통 고마움으로 출렁거렸다. 어디든 향해 큰절이라도 올리고 싶었다.
 세상이 녹록치 않음을 알면서도 일순간 가벼이 여겼던 나의 방심은 큰 획을 긋고 경계경보를 해제했다. 아이도 세상과의 차단을 온몸으로 감수하는 동안 거듭남을 배운 것 같다. 긴 겨울을 건너며 훌쩍 성숙해져 있었다. 경계경보는 내게 매사 우유부단하고 물러터지기만 한 소신을 팽팽히 당겨 옷깃을 여미라고 경종을 울렸는지도 모르겠다.

어떤 봄날

　대지가 온통 연둣빛 봄물이 오르고 있다. 밀짚모자를 쓴 아낙은 두둑이 고른 밭에서 연신 무언가를 심고 있다. 여린 잎사귀가 성긴 가지 사이에서 하늘을 채우느라 여념이 없는 사이 실개울의 물소리는 발걸음을 사뿐하게 한다.
　연초록 들녘을 따라 거닐다 보니 유교문화의 산물인 무성서원이 눈에 들어왔다. 유생들의 교육이 이루어졌던 서원에는 글귀가 새겨진 편액(扁額)들이 빛바랜 채 걸려 있어 긴 역사를 짐작케 한다. 성현의 가르침을 따르려는 선비들이 얼마나 드나들었는지 대청마루가 반질반질하다. 지난날 읊조리던 울림이 금방이라도 저 뒤란 모퉁이에서 들려올 법한데 너무나 한적해서 적막감마저 감돈다. 단종이 왕위를 빼앗기자 홀연히 이곳에 내려와 후진을 양성했던 정극인 마음이 이처럼 쓸쓸했을까. 세상일을 애써 잊어버리고 향리 젊은이들에게 덕량을 길러주었던 마음을 헤아려본다.

그때 저만치서 어떤 풍경 하나가 시야에 들어온다. 키가 작은 어린아이가 오토바이를 타고 느린 속도로 이쪽으로 오고 있다. 자전거도 아니고 어린아이가 웬 오토바이일까 하고 가까워지는 모습을 찬찬히 바라보니 칠순이 넘은 할머니다. 그런데 할머니 뒤에는 더 작고 구순이 넘어 보이는 할머니가 웅크린 채 앉아 있다. 한 사람은 앞에 서서 운전하고 뒤에는 온몸을 의지할 수 있도록 의자로 만들어진 장애인용 전동차다. 한눈에 보아도 모녀지간임을 알아차릴 정도로 두 분은 닮았다. 딸인 할머니가 모친을 태우고 다니려고 이런 기능으로 주문한 듯싶다.

살갗을 파고드는 봄바람이 아직은 선득거릴 때라 뒤에 앉은 할머니 몸은 옷으로 단단히 중무장 되어 있다. 무릎 아래는 얇은 담요로 덮은 뒤 그 위에 커다란 수건으로 다시 덮었다. 두툼한 점퍼를 덧씌운 상의에다 목도리에 모자까지 써서 할머니는 얼굴만 빼꼼하다. 칠순 할머니는 운전해야 하는 까닭에 모자만 썼을 뿐 허름한 차림이다. 우리가 발길을 멈춘 채 가볍게 눈인사를 건네니 할머니들도 미소로 답한다. 칠순 할머니도 노구이긴 마찬가진데 구순 할머니 점퍼가 흘러내리지 않도록 다시 야무지게 여며준다. 할머니가 할머니를 섬기는 광경을 물끄러미 바라보다 우리도 천천히 걸음을 옮겼다.

솟대가 줄지어 선 서원 주변에는 지난날 유생들을 기억할 수령이 오래된 나무들이 운치를 더하고 있다. 서원 역사를 나무들이 대신하는 것 같다. 고색이 짙은 기와지붕이 잃어버린 마음의 여유를 불러와 옛사람이 된 듯하다. 멀어지는 서원을 한 번 더 뒤돌아본다.

이때 천천히 주변을 돈 그 할머니 전동차가 다시 지나다 저만치 섰다. 칠순 할머니는 손잡이에 달린 비닐봉지 안에서 유제품을 꺼내더니 모친에게 떠먹이기 시작한다. 아기가 받아먹듯 한 술씩 오물오물 삼키는 노모의 천진함 속에 평온한 행복이 엿보인다. 꼭 어머니가 아기에게 먹이는 모습처럼 딸의 눈길이 자애롭기 그지없다. 입술 한쪽으로 하얀 액체가 흘러내리자 재빨리 주머니에서 손수건을 꺼내 닦아준다. 지극히 자연스러운 모습이 자주 그래 왔던 듯싶다. 먼 길을 돌아 이젠 아기가 되어버린 노모도 지난날 어린 딸에게 저리한 술씩 떠먹이며 희망을 품었으리라. 불현듯 인생유전(人生流轉)이 느껴진다. 이 땅에 효를 중히 여기며 조상을 섬기던 유교 정신이 면면히 이어져 내려오고 있음인가. 서원의 기운이 서린 곳에서 이 광경을 보는 내 마음이 더 남다르다.

　핵가족 사회에서 이젠 가족 해체가 빈번한 세태에 저 풍경을 바라보는 한쪽 가슴이 왜 이리 시린 걸까. 이곳을 비롯하여 각지에서는 보존가치가 높은 문화유산을 유네스코에 올리려는 움직임이 활발하다. 정작 잊고 사는 게 무엇인지 발뒤꿈치가 저리다. 육신의 기가 다해갈수록 외로움의 깊이도 더해갈 것이다. 백발이 성성한 자신은 아랑곳하지 않고 굴신조차 힘든 모친에게 봄바람을 쐬어주려는 효심이 잔잔한 감동으로 다가온다. 깊은 산 속에서 맑은 종소리를 들은 기분이다.

　봄바람은 내 속도 모르고 온몸을 간질이며 휘감고 지나간다.

분갈이

　동양 난 분갈이를 했다. 난분에 가득 찬 촉들이 삼 년이나 되었다고 아우성치는 것 같았다. 어느 하루 품을 들여 베란다가 어지러울 정도로 벌여야 하기에 그동안 엄두를 내지 못했다. 분갈이 적기인 사월도 저물어 더는 미룰 수가 없었다.
　어떤 녀석은 분(盆)에서 쉽게 빠지지만, 꿈쩍도 하지 않는 놈이 많았다. 분을 옆으로 눕혀서 허리를 돌려가며 주먹으로 치는 동작을 반복하니 가까스로 난이 빠져나왔다. 더는 뻗을 데가 없어 제자리에서 몇 바퀴를 돈 뿌리가 난의 축적된 세월을 말해주고 있다. 먼저 죽은 뿌리와 묵은 촉들을 떼어낸다. 열 촉이 넘는 것은 적절히 갈라야 하는데 그 단계가 가장 긴장된 순간이다. 한 덩치로 절어 있는 뿌리를 조심조심벌리거나 비틀어 봐도 요지부동이면 두 눈 찔끔 감고 순간적으로 힘주어 찢다시피 해서 분리해야 한다.

분 바닥에 먼저 굵은 난석을 깔고 갈라낸 난을 앉혀 깊이와 위치를 정한다. 위로 올라올수록 난석을 가는 순으로 채워 갈무리한다. 새 촉이 자라날 쪽에 공간을 넉넉히 잡아 심어 놓았어도 몇 해가 지나는 사이 중심이 한쪽으로 치우쳐 있는 녀석도 있다. 그런 놈도 균형이 잡히도록 다시 갈아 심는다.

분갈이 한 난이 어림잡아 스무 분가량 되었다. 녀석들은 울고 웃었던 우리 집의 지난날을 함께 겪어왔기에 피붙이만큼이나 애착이 간다. 분리한 분이 많다 보니 제법 늘어난 식구가 뿌듯하다. 오랫동안 졌던 짐을 던 듯 일을 마치자 마음이 개운하다.

하지만 이후부터 한동안 잠을 설친다. 이제는 두려워하지 않을 만큼 이력이 붙었는데도 걱정은 한결같다. 갑작스레 바뀐 환경에 적응하기가 쉽지 않을 것이기 때문이다. 또 분갈이하는 과정에 주의를 기울였지만, 뿌리가 손상되거나 바이러스에 감염될 수도 있다. 꼬박꼬박 물을 주는데도 잎이 꼬여가는 놈이 있는가 하면 수기(水氣)를 잃어 건조해지는 놈도 있어 속이 탄다. 그래서 분갈이를 하고 나면 여느 때보다 세심히 관찰하며 관리에 더욱 신경을 쓴다. 틈이 날 때마다 나도 모르게 발걸음이 난 앞에 와 있는 것을 발견한다.

환경이 바뀌면 사람도 주럽이 나게 마련이다. 대학을 졸업한 둘째는 자신이 원하는 곳에 무난히 취직했다. 그것도 신입생들이 선망하는 과에 홀로 배치되어 신의 딸이란 별명까지 따라다녔다. 터덕거리던 큰아이와 달리 대학도 취직도 비교적 순조로웠다.

그러나 복병은 따로 있었다. 당찬 꿈으로 가득 찼던 녀석은 사회생활을 시작하면서부터 심한 멀미에 시달렸다. 무엇보다 사람의 생명을 다루는 곳이기에 작은 실수라도 용납되지 않는 모양이었다. 조직생활 속에서 예기치 않게 마음을 다칠 때마다 들려오는 젖은 목소리는 가슴에 돌덩이를 얹는 것 같았다. 그런 날은 밤새 잠이 오지 않았다. 세상을 한 계단씩 오르면서 부딪치고 넘어야 할 일들이 앞으로 산적해 있을 텐데 출발점에서부터 어지럼증을 호소하는 게 안타까웠다. 속이 깊어 웬만하면 전화하지 않을 터인데 제 딴엔 몹시 고단한 모양이었다. 안온한 가정과 사회가 다름을 온몸으로 체감하는 녀석은 이제 사회 초년병으로서 모든 것을 홀로 감내해야 할 것이다. 게다가 부모와 처음으로 떨어진 외지에서 견뎌내야 하는 시간은 외로움이 배가 될 것이다. 아프지 않고 성장하는 젊음이 어디 있으랴. 난이 새로운 환경에 적응할 때까지 한동안 몸살을 앓아야 하듯 녀석이 참고 버텨야 하는 고통은 생각보다 클 것이다.

그러다가도 어느 날 수화기 너머에서 낭랑한 목소리가 들려 올 때면 세상 근심이 한순간에 눈 녹듯 녹아내렸다. 이제는 좀 적응 하나보다며 돌덩이를 슬며시 내려놓았다가도 의기소침한 목소리가 들릴라치면 지레 마음부터 저렸다. 그러다 보니 전화기에 아이 번호가 뜰라치면 가슴이 먼저 알고 쿵 내려앉았다. 세상에 내놓은 자식은 항상 목에 걸린 가시였다. 엊그제 사회로 걸어나간 큰애가 겨우 자리 잡았으니 둘째도 묵묵히 기다려야 하리라. 음지에 서 있어야 하는 나날도 참아내는 게 부모 위치 아니던가. 그래도 참고 걸어가라는 말을 나는 위로라고 했다. 쉽게 안정을 찾지 못하는 둘째가 얼마나 더 부대낀 다음에야 안착할 수 있을지 노상 조바심이 일었다.

잠잠히 적응하지 못하고 전전긍긍 서성이는 모습이 난과 닮았다. 난도 딸애도 뿌리를 옮겼으니 한동안 심하게 앓으리라. 수많은 고비를 넘고 돌아 불면의 밤을 뒤척이고 나면 비로소 뿌리가 실하게 내리리라. 찬바람을 많이 맞는 나무가 더 단단하듯 성장통을 겪는 둘째의 오늘이 새롭게 거듭나는 초석이 되길 빌어본다.

 또다시 봄을 맞을 즈음이면 난도 딸애도 한결 안정되어 활기를 띨 것이다.

고독한 도전

　서울에서 돌아온 남편의 표정이 어느 때보다 환하다. 일본에서 열린 국제장애인 기능올림픽에서 세운 공로를 높이 평가받은 모양이다. 오늘이 있기까지 숨은 땀이 배었을 표창장을 찬찬히 읽어본다. 그 위로 지난번 인도대회 때의 한 선수 모습이 겹쳐온다. 당시 방영했던 화면 속에 그의 실루엣이 어른거린다.
　휠체어에 앉아 하루 종일 대패와 씨름을 하는 민우 씨의 출전 종목은 가구제작. 국제대회를 앞두고 국가대표들끼리 합숙훈련을 하는 중이었다. 그는 번듯한 직장인이었으나 뜻밖의 교통사고로 하반신이 마비되었다. 하루아침에 뻣뻣해진 다리를 바라보는 심정이 얼마나 참담했을까. 세상 사람들의 따가운 시선은 더욱 버거웠으리라. 생활 속의 작은 일에도 화가 나고 설움이 복받쳤으며, 재활 훈련 중에는 하찮은 동작에도 온몸이 땀으로 범벅되곤 했다.

 그는 사고 후 겨울이 서너 차례 지나는 동안 무너진 막장 속에 갇힌 것처럼 지냈다. 소외와 단절, 끈적끈적한 우울증에 자신을 내맡긴 채 살았다. 이런 모습으로 사는 게 무슨 의미가 있으랴 싶어 종종 극단적인 생각에 빠지곤 했다. 오랜 기간 절망과 갈등 속에서 허덕이다가 마음을 다잡고 선택한 일이 나무로 가구를 만드는 일, 즉 소목장(小木匠)이었다. 암흑의 막장을 탈출하기 위해 그간 재활 병동에서 익힌 가구제작에 온 사활을 걸었다.

 그는 작품에 한번 빠지면 미친 듯 몰두했다. 온몸이 톱밥과 대팻밥으로 범벅이 된 채 시간 가는 줄 모르고 혼신의 힘을 쏟았다. 어지럽게 쌓인 톱밥은 그의 땀방울이나 다름없었다. 나무토막 같은 자신의 다리를 되살리는 길은 거친 나무에 생명을 불어넣는 일이라 믿었다. 사고 후 떠나버린 사람이 못내 그리운 날이나, 문득문득 옛 모습이 떠오를 때면 무섭게 작업에 몰입했다. 선한 미소 뒤에 감추어진 우수가 진하게 비칠 때마다 지도위원인 남편은 더욱 강도 높게 훈련을 시켰다. 그는 단지 육신이 닫혀 있을 뿐 투혼만은 하늘을 찌를 듯했다.

인도 뉴델리는 십일월인데도 더웠다. 저마다 당찬 꿈을 안고 출국한 선수들은 급격한 기온 차로 경기를 잘 치를 수 있을지 걱정이 앞섰다.

 가구제작 분야의 심사위원은 뜻밖에 수동공구(手動工具)만 허용한다는 제한을 선포했다. 민우 씨 경우는 장애 정도가 깊어 어떻게 나무를 자르겠느냐고 항변했으나, 지도위원은 경기장 밖으로 나가달라는 말만 날아왔다. 남편만 바라보는 민우 씨도, 그를 지켜보는 남편도 불안하고 당황스럽기는 매한가지였다.

 민우 씨는 왼쪽 가슴의 태극기를 보며 입술을 깨물었다. 하체에 장애가 없는 다른 나라 선수들보다 불리한 조건이지만 이대로 주저앉을 수는 없는 일. 차선책으로 미니 톱을 들었다. 한 손으로 판재를 받친 채 다른 손으로 톱질할 수밖에 없었다.

 작품이 서서히 골격을 갖춰갈 때, 돌연 민우 씨 다리에 심한 경련이 일었다. 예기치 않게 교통사고를 당했듯 삶은 예고도 없이 비상사태를 몰고 왔다. 자신의 의지와 상관없이 흔들리는 다리를 두 손으로 누르며 잠잠해지기를 고대했으나 멈출 줄을 몰랐다. 게다가 호흡까지 가빠지고 있었다. 순식간에 이마에는 땀이 흥건했다. 이 사태를 어떻게 수습해야 할지 경기장 밖에서 바라보는 남편도 속이 타긴 매일반이었다. 현장으로 들어갈 수 없는 규칙 때문에 안전펜스를 손으로 연속치는 동작을 반복하다 입술을 깨물기도 했다. 이 순간이 어서 멈춰 달라는 듯 두 손을 가슴에 모아 눈을 감기도 했다. 화면에서 시종 눈을 떼지 못하는 나도 입이 바짝바짝 말랐다. 두 사람이 부지기수로 쏟아 놓았을 땀을 부디 기억해 달라고 어느새 빌고 있었다. 마감 시간이 임박해올수록 일 초가 십 분만큼이나 아쉬웠다. 주변 선수들은 아랑곳없다는 듯 작품을 마무리 짓기에 여념이 없었다. 그때 어둠 속에서 길을 잃은 것처럼 헤맸던 다리의 떨림이 가까스로 찾아들었다.

진정할 겨를도 없이 그는 다시 작업에 몰두했다. 하반신을 마음대로 쓸 수가 없어 미니 톱을 사용할 때마다 심하게 흔들리는 상체와 머리가 애처로웠다. 남보다 뒤처진 공정임에도 도면을 살피며 침착하게 끼워 맞출 공간의 정밀도를 확인해가는 모습이 손에 땀을 쥐게 했다. 유일한 휠체어 장애 선수였지만 쫓기는 시간에도 의연한 눈빛은 그의 의지를 대변하고 있었다. 마음 놓고 숨을 쉴 수도 없던 남편은 그제야 가슴을 쓸어내리며 안도의 한숨을 내쉬었다.

이튿날, 남편은 아침 일찍부터 전광판 앞에서 초조하게 서성거리고 있었다. 불이 들어옴과 동시에 성적표를 확인하는 순간 은메달! 이때 막 문을 열고 나오는 민우 씨를 보자 와락 끌어안았다. 민우 씨 얼굴에 농주 같은 땀방울이 흘러내렸다. 혹한을 견딘 춘란의 향기가 깊듯, 휠체어에서 탄생시킨 은메달은 금메달보다 값진 승리였다.

  민우 씨의 상기 어린 모습이 표창장 위에 한동안 어룽진다.

왼손잡이

　오른손잡이들 틈에서 왼손잡이인 나는 항상 모자란 사람이었다. 집에서는 그나마 나았으나 밖에 나가면 나도 모르게 눈치부터 살폈다. 친구들과 공기놀이를 하면,
　"에이, 너 외약재비냐?"
　하고 어른들은 한 마디씩 던지고 지나갔다. 사람들은 왼손잡이를 '외약재비'라 했다. 비웃는 듯한 말투는 정상에 미치지 못하는, 어딘가 부족한 사람으로 업신여기는 것처럼 들렸다. 집에 들른 미역장수도 꽃밭에서 호미로 잡초를 매는 나를 향해 외약재비라는 말을 서슴지 않았다. 오른손잡이용 호미를 감수하는 나에게 날아온 어조는 왠지 모르게 마음 한 구석이 불편했다. 일하는 속도나 효과가 비슷한데도 어수룩하다는 고정관념으로 바라보았다. 그런 말들은 어린 마음에

상처가 되어 오래도록 가시지 않았다. 어떤 때는 공연히 서러워 눈물이 핑 돌기도 했다. 보통사람과 조금 다를 뿐인데 면전에서 무시당하는 기분이 거북하기만 했다.

여기서 수모를 당하고 저기서 치이다 보니 차츰 소극적인 성격으로 변해갔다. 오랜 시간 왼손잡이라는 열등감에서 헤어나지 못해 언젠가부터 내 곁에는 주눅감이 그림자처럼 따라 다녔다. 어떤 자리에서나 자유롭게 어울리고 싶었으나 특히 어른의 시선이 느껴지는 곳에서는 내가 서야 하는 위치가 주저되었다. 자연 남의 눈에 잘 띄는 앞자리보다 뒷전에서 어정거려 자신감마저 위축되었다. 보통 사람의 축에 들지 못한 소외감은 외로움까지 불러왔다. 소소한 자극에도 다슬기처럼 몸을 말아 자꾸만 안으로 움츠러들었다. 어머니도 아버지도 왼손잡이가 아닌데 유독 나만 이렇게 태어났는지 모를 일이었다.

왼손잡이기에 당하는 불이익에서 벗어나는 길은 오른손잡이로 거듭나는 것이었다. 남의 눈에 띄지 않는 보통사람이기 위해 기나긴 줄다리기를 시작했다. 어떤 일이든 앞장서려는 왼손을 절제하며 오른손을 앞세워보지만 매사에 서툴다보니 헛손질하기 일쑤였다. 그럴 때마다 머릿속에서는 '언젠가는…'을 주문처럼 외웠다. 여러 사람이 같은 일을 할 때는 오른손이 어디를 먼저 잡고 왼손이 보조역할을 해야 하는지를 몰라 옆 사람을 훔쳐보며 난감할 때가 많았다. 그럴 때마다 어금니를 앙다물어 보지만 일하던 손은 어느새 슬그머니 왼손으로 건너가 있곤 했다. 매사에 안간힘을 쓰다 보니 비질을 하거나 수저를 사용할 때에는 간신히 왼손에서 벗어나게 되었다.

학교에 입학하자 넘어야 할 산이 산적해 있었다. 우선 글씨 쓰는 일이 만만치 않았다. 힘이 달리는 데다 손끝이 야무지지 못한 오른손은 얼마가지 못해 한계를 드러냈다. 친구들을 따라가기가 벅찼다. 가다 서기를 반복하다 슬쩍 왼손으로 써보면 날아갈 것 같았지만 주문을 외우며 이내 도리질을 쳤다. 어림잡아 필기가 끝나 가면 선생님은 설명에 드는데 나는 언제나 끄트머리를 마저 쓰느라 혼쭐이 났다. 연필을 깎을 때도 한쪽은 필요이상으로 심이 노출되는가 하면 반대쪽은 심도 보이지 않게 깎였다. 우스꽝스런 연필로 필기하려면 창피하기까지 했다.

습관을 바꾸는 과정은 나를 수없이 갈등 속에 빠뜨렸다. 선천적으로 타고난 기질을 무시하고 교정하는 일은 불모지를 개간하는 작업과 다를 게 없었다. 아무리 재바르게 손을 놀려도 친구들과 비슷하려면 시간과 노력이 서너 배나 필요했다. 그럴수록 이겨내지 못하면 이대로 도태되어 버린다는 불안감에 마음을 다잡았다. 시행착오를 거듭하며 좌충우돌한 끝에 몇 가지 굵직한 일은 오른손으로 하는데 무리가 없게 되었다. 따라서 사람들 앞에 서는 일도 점점 자신감이 생겼다.

산천이 변하면서 어느덧 성인이 되었다. 유년의 노력과 상관없이 세월은 사람들의 의식을 변화시켰다. 왼손잡이를 가볍게 보지 않는 세상이 된 것이다. 어린 날 열등감에 휩싸여 부모에게 불평을 하며 도무지 넘지 못할 것 같던 벽이 대수롭지 않은 일로 변하고 말았다.

왼손잡이라는 의식마저 잊힌 지 오래된 어느 명절이었다. 사과 꼭지를 발라내다 그만 과도가 빗나가는 바람에 시댁 식구들을 놀래 키고 말았다. 내 가슴도 한순간 서늘했다. 평소엔 의식조차 하지 않던 일이 긴장했던 탓일까. 칼을 사용하는 일은 완전히 뛰어넘은 줄 알았는데 아직도 어딘가 설었던 모양이었다. 타고난 본성에서 아주 벗어날 수는 없나 보았다.

이젠 그 의미가 퇴색해 버렸을지라도 양손잡이가 된 나는 그 과정을 결코 허투루 여기지 않는다. 돌아보면 의식이 덜 깨인 시대를 살면서 나는 일찍이 나와의 도전에서 견뎌내는 법을 배웠다. 고사리 손의 눈물겹던 도전이 애틋하고 기특하게 여겨진다. 놀림감이 되지 않기 위해 역경 속에 감내한 역사가 내 안에 오롯이 살아있지 않은가. 철저하게 내 속으로 스며들어 진아(眞我)를 만나기 위해 공들였던 떨림들이 대견하게 다가온다. 다소 터덕거릴지라도 부단히 연마한 결과가 어느 틈에 단련된 경지에 오르게 했음을 일깨워준 산 교훈이 아닌가. 어쩌면 그 열정이 오늘의 나를 있게 한 밑거름일 수도 있다는 사실에 넉넉한 미소를 보낸다.

이젠 그 의미가 퇴색해 버렸을지라도 양손잡이가 된 나는
그 과정을 결코 허투루 여기지는 않는다. 돌아보면 의식이
덜 깨인 시대를 살면서 나는 일찍이 나와의 도전에서
견뎌내는 법을 배웠다. 어린 시절의 눈물겹던 도전이 애틋하고 기특하게
여겨진다. 놀림감이 되지 않기 위해 역경 속에 감내한 역사가 내 안에
오롯이 살아있지 않은가. 철저하게 내 속으로 스며들어 진아(眞我)를 만나기
위해 공들였던 떨림들이 대견하게 다가온다.

기다림 2

    화초에 물을 주는 날이다. 스무 분가량의 난(蘭)은 오른쪽 베란다로 옮겨 분사기를 이용한다. 그들을 둘러싸고 있는 몇몇 덩치 큰 관엽식물은 제자리에서 밑동에 준다. 푸석한 흙이 한지에 물 스미듯 촉촉하게 빨아들이는 움직임이 즐겁다. 그도 그럴 것이 녀석들과 함께한 인연이 어언 강산이 두 번 바뀌고도 남는다.
    소철은 내 속을 적잖이 태우는 녀석이다. 몇 해 전에 분갈이 한 후부터 물을 주면 좀처럼 스며들지 않았다. 분이 작아 흙을 화분의 표면 가까이 채운 탓에 조심스럽기도 하지만 무엇보다 배수가 안 되는 모양이었다. 환자에게 물을 먹이듯 살며시 따른 뒤 살짝 기운 화분이 수평이 되도록 얼른 중심을 잡아주어야 한다. 물은 기운 쪽으로 쏜살같이 달려가 넘치기 일쑤거나 겉돌기 때문이다. 저 홀로 떠돌다 시나브로 배어드는 것을 바라보고 있자면 허리도 아프고 다리도 아프다. 하지만 녀석은 매양 서둘지 말고 기다리라 한다. 이 녀석 앞에서는 다른 화초에 물을 준 시간만큼 기다리는 일이 주일의 일상인지도 꽤 되었다. 어느 땐 지루하다 못해 소공원 단풍 구경도 하고 까치 꽁무니를 따라다니기도 한다. 똑같이 분갈이했는데도 유독 녀석만 인내심을 요구한다. 뿌리가 표면까지 드러난 것으로 보아 분갈이를 해달라고 시위하는 것 같기도 하다. 겨울이 다가오고 있으니 봄까지는 달래야 할 형편이다.

끊임없이 나에게 참을성을 청하는 중에도 봄과 가을은 번갈아가며 발을 맞췄다. 그런 시간 속에 어느덧 소철은 키가 삼십 센티를 넘는 위용을 자랑하고 있다. 애를 태우면서도 속내로는 조금씩, 조금씩 성장했나 보다. 소철은 내게 넌지시 기다림의 미학을 가르치는 것 같다.

기다려야 하는 것은 소철만이 아니다. 한 배에서 나와도 아롱이다롱이라 했던가. 딸 둘이 나름대로 자신의 색을 지녀갈 즈음 신은 구 년 터울의 늦둥이를 통해 사명감을 더 얹어 주었다. 첫째와 둘째는 비교적 순순하게 자랐다. 딱히 마음 쓸 일이 없을 정도로 제 몫을 찬찬히 해내서 마음 끓일

기다림 2

일이 드물었다.

　그런데 이번에는 긴장감을 갖게 한다. 세상일이 그렇게 만만하지 않다는 듯 셋째는 매사에 신경을 쓰게 한다. 예전보다 열정도 떨어졌고 체력도 약해졌는데 그 이상을 주문한다. 누나들과 굳이 다른 환경이라면 컴퓨터가 일반화된 세상에 태어났다는 점이리라. 게다가 두 녀석이 사회인이 되더니 막내에게는 엄하기보다 자상한 어머니였으면 좋겠다는 목소리를 낸다. 학창 시절에 겪었던 저희 경험을 이따금 들먹일 때면 기억조차 희미한 일이 나를 힐책한다.

　사내아이여서 다른 것일까. 책상이 어수선한 중학생 막내를 낙천적이라 이해해야 할지. 녀석의 관심을 가장 많이 끄는 것은 온라인 게임이다. 그런 게임과 얼마간 친해져야 책상에 앉는 녀석이니 아무리 낙천적이라 치부해도 내 속은 타고 만다. 흙 속으로 스며야 할지 말지를 고민하다 적선하듯 내려가는 형상과 다름없다 할까. 성적경쟁에 내몰린 제도권 속에서 학원과 집을 다람쥐 쳇바퀴 돌 듯 오가니 저라고 나름의 분출구가 어찌 필요하지 않을까. 공부에서 온전히 헤어 나와 자신만의 스트레스를 푸는 방법이 아무래도 온라인 게임인 모양이다. 게임이 그런 탈출구인 줄 알면서 무조건 차단한다는 것은 무리수이리라. 어머니가 걱정하지 않아도

다 알아서 한다는 표정에는 상당한 인내심이 필요하다. 질풍노도의 녀석에게 어떤 용기를 주고 무엇을 솎아줄 것인지 혼란스럽다. 목소리에 노여움이 실리려 하면 어진 어머니를 떠올리며 애써 누그린다. 그럴 때마다 소철의 메시지도 그림자처럼 뒤따라 마른침을 길게 삼킨다.

신은, 사람 하나 온전히 성장시키기가 그리 쉬운 줄 알았냐며 내 마음을 흔들어 깨운다. 마침내 학업을 다 마치는 날까지 참고 믿으며 끊임없이 기다리라 종용한다. 성적에 초연하지 못해 어리석다 해도 어쩌지 못하는 나는 이 땅의 보통 어머니. 한 단계 낮아진 꿈을 향해 뛰기도 벅찬 세상을 경험한 딸들 잔영이 언제나 나를 채근한다.

다행스러운 것은 녀석 성적이 가시권으로 진입하고 있다는 사실이다. 황소걸음이지만 제 길로 들어선 듯해 그나마 안심이랄까. 대기만성형이라고 남편은 격려에 치사까지 얹어 다독인다. 사기를 북돋기 위함인 줄 알면서도 나는 그 말에 은연중 최면을 걸며 오늘도 희망을 길어 올린다.

자식 농사만큼 기다림이 필요한 게 또 있을까. 두 아이가 제 몫을 할 때까지 묵묵히 기다려왔던 것처럼 이번에도 그래야 하리라. 앞날이 구만리 같은 녀석이니 지금 당장 모습으로 모든 것을 평가하고 싶지는 않다. 변화무쌍하면서 들끓는 청춘을 말로 어떻게 다 설명하랴. 소철이 오늘의 위엄을 갖추었듯 뚜벅뚜벅 걸어도 제 할 일을 묵묵히 해내는 황소 뚝심을 기원해본다. 그런 날까지 나는 어진 어머니 과제를 새기며 수양을 쌓아야 하리.

구절초

눈으로만 가두기에는 순백이 하도 깨끗하여 가슴으로 담아본다. 아름답되 요염하지 않으며 소박하면서도 고결한 향기를 풍기는 구절초는 지조 있는 여인 같다. 아침이슬이 발등을 적시는 날 가을 서정 속에서 구절초 같은 그녀가 생각났다.

신혼의 단꿈에서 헤어날 무렵 그녀는 돌연한 사고로 남편과 사별하고 말았다. 비탄 속에 장례가 끝나자 시댁 분위기가 묘했다. 우선 며느리 살림을 시댁에 합치려 했다. 당신 시집살이를 대물림하지 않겠다며 시어머니가 시댁 건물에 신접살림을 나게 한 터였다. 게다가 사고 후 나온 보상금은 시댁과 공동명의로 해야 한다며 우격다짐을 놓았다. 며느리 팔자 때문에 자식이 죽었다는 압력이 은근했다. 갑자기 얼굴을 바꾼 시댁은 생판 딴 사람이었다. 급기야 "우리 딸 하늘을 우러러 부끄러운 행동하지 않습니다. 사별한 것도 감당키 어려운데 부디 그 맘을 헤아려 주십시오."라며 친정에서 나서자 가까스로 진정이 되는 듯했다.

이후 시어머니는 그녀에게, 평상심을 찾을 수 있도록 일을 해보라는 권유를 했다. 아기는 보살펴 줄 테니 일층 가게 일을 맡아 달라고 했다. 그마저 거절할 수가 없어 하루아침에 두 사람 역할이 바뀌게 되었다. 차선책으로 며느리를 가까이 묶어두려는 심산임을 아는 친정식구들은 씁쓸함을 감추지 못했다.

한동안 그녀는 삼겹살 냄새에 절어 속절없는 세월을 보냈다. 어쩔 수 없이 하는 일은 두 배로 버거웠다. 종일 종종거리다 마무리로 하루 내 녹아내린 바닥의 기름기를 지울 때면 몸이 천근이었다. 엊그제 행복이 새록새록 할 때마다 눈물이 글썽거렸다. 저녁 장사를 마친 뒤 파김치 된 몸으로 올라가 보면 시어머니는 노상 자고 있었다.

몇 해가 지나자 가까스로 낡은 아파트를 사 마침내 시댁 그늘에서 벗어났다. 친정어머니에게 아기를 맡기고 허리를 동여맨 채 본격적으로 자신의 일을 시작했다. 남겨진 한 점 혈육은 그녀가 살아갈 결정적인 이유가 되었다. 아이가 재롱을 떨 때나, 세발자전거를 처음 탈 때면 비어있는 반쪽 그늘이 몹시 그리웠다.

그즈음 주변에서 자꾸 개가를 종용했다. 마음먹기에 따라 다른 삶을 살 수도 있었다. 부드러운 속살을 지닌 여인이니 그녀라고 한 남자의 사랑을 갈망하지 않는다면 거짓말이었다. 하지만 그녀는 애통하게 떠난 사람에 대한 도리와 자식을 키우는 어미로서 가슴 안에 스스로 홍살문을 세웠다. 만물의 형상이 음과 양의 조화이거늘 그걸 삭이며 살아갈 고운 눈매의 딸이 애잔한 친정어머니는 늘 수심이 깊었다. 사는 게 힘들지 않느냐고 물으면, 장애를 입고도 평생 의연한 사람에 비하면 나야 건강하니 그만그만하다고 했다. 가장이란 멍에를 짊어졌어도 그녀는 맏며느리로서 시댁 대소사를 성심껏 챙겼다.

한 길 사람 속은 모른다 했던가. 사고는 뜻하지 않은 곳에서 생겼다. 동서가 가진 돈과 여기저기서 얻은 빚을 가지고 어느 날 종적을 감춰 버렸다. 가장의 생활능력 부재가 몰고 온 불상사였다. 한때 맏며느리를 미더워하지 않았던 시댁에서는 할 말을 잃었다. 자식까지 외면한 처사에 맏며느리의 심성을 다시 보게 되는 계기가 되었다.

그럭저럭 아파트도 나이를 먹으니 잦은 손길이 필요했다.

화장실이 새기도 하고 어떤 날은 보일러가 멈추기도 했다. 여자 손으로 고쳐보려고 안간힘을 쓰기도 하고 이웃의 손을 빌리기도 하였으나 거듭되는 고장에 이사생각이 간절했다. 변변찮은 형편으로는 치솟은 시세를 감당할 엄두조차 못 내기에 도움의 손길이 간절했다. 시동생들에게는 주택과 사업자금도 번번이 마련해줬지만 청상이 된 며느리는 '언젠가는 갈 사람'이라는 선입견 때문에 도와줄 리가 없었다. 그럴 때마다 무심하게 떠난 사람에 대한 애틋함이 그녀를 에워쌌다.

세월의 진애(塵埃)를 겹겹이 입은 그녀 어깨에 어느덧 지명(知命)의 그림자가 내려앉았다. 먼 길 돌아 거친 노정을 걸어온 머리엔 서리가 희끗희끗했다. 지난날 우여곡절도, 격정의 몸부림도 모두 초월한 듯 그녀는 매사 초연했다. 아들은 전역한 뒤 복학 중이었다. 그즈음 그녀를 아껴주시던 시아버지께서 운명하셨다.

아들 서류를 준비해 오라고 할 때까지도 영문을 몰랐다. 고인 명의 부동산을 시동생들과 아들에게 공동으로 이전하려는 움직임이었다. 이혼과 재혼이 빈번한 세태에도 오로지 외길을 걸어왔던 자신은 그림자에 불과할 뿐이었다. 먼저 간 사람과 자식을 생각해 수많은 뒤척임을 잠재웠던 날들이 한낱 스쳐 가는 바람임을 알았을 때 그녀는 삶이 덧없음을 새

삼 깨달았다. 이때만은 가슴속에 묻어 놓았던 서러운 사연들이 한꺼번에 울컥거려 소리 없이 자리를 나오고 말았다.

그날 밤 한숨도 자지 못했다. 남편의 빈자리는 쓰디쓴 웃음으로 그녀를 훑고 지나갔다. 보잘것없는 자신의 존재감이 서글픈 나머지 밤새 가슴엔 찬바람이 불었다. 시댁도 매한가지였던 것일까. 쓸쓸히 자리를 뜬 사람의 뒷모습이 못내 걸렸음인가. 며느리의 에돌아온 세월이 갸륵한 것은 틀림없는 사실이었다. 아무리 생각해도 이제는 상속의 반열에 나란히 올리는 예를 갖추어도 부족함이 없다고 판단한 모양이었다.

모든 일이 순리대로 돌아가게 되었다며 끝내 울먹거리는 그녀. 인고의 걸음마다 어렸을 눈물을 애써 삭이며 묵묵히 걸어온 여정이 대견해 보였다. 생의 여름을 지나 가을 속으로 걸어가는 그녀의 옷자락에서 청초한 구절초의 향기가 났다.

비움

상기된 마음으로 하행 길에 오른다. 흘낏 바라본 남편도 여느 때와 다른 표정이다.

지난달까지만 해도 사위 본다는 생각을 해보지 않은 터라 이런 자리가 자못 생경했다. 스물일곱 된 큰애를 아직도 갓 스물쯤으로 여겨왔나 보았다. 상견례를 마치고 나니 마음 한구석이 조금은 가벼워졌다. 예비사돈의 넉넉한 인품과 자상한 그늘이 아들에게 밑거름으로 작용하였음이 미루어 짐작되었다.

사윗감을 처음 대할 때에도 긴장감이 앞서긴 마찬가지였다. 딸의 결정을 존중하면서도 한편으로는 성품이 무난하기를 간절히 바랐다. 짧은 시간이지만 겸손함과 반듯한 용모를 대하며 적이 마음이 놓였다. 비소로 딸을 보내도 되겠다는 안심이 들자 내심 가슴이 뿌듯했다. 이는 일찍이 느껴보지 못한 신선한 충격이었다. 시간이 흐를수록 예비사위가 더 어여뻐 보이고 정이 감은 딸을 시집보내는 어머니들의 공통된 마음일까. 자식을 하나 더 얻었다던 지인 말이 마침내 피부에 와 닿았다.

차창을 여니 이제 막 갠 비에 칠월의 초목이 싱그럽기 이를 데 없다. 눈 가는 곳마다 찬란한 진초록 융단이 펼쳐져 있다. 내내 주파수가 맞지 않던 라디오에서는 어느 순간 음질이 맑아지더니 어니언스의 노래 <편지>가 흐른다.

"말없이 건네주고…."

좋은 기분도 잠시, 연인이 떠나는 내용은 공교롭게도 딸아이를 보내는 마음과 겹쳐 가슴에 묘한 파문을 일으킨다. 낳았을 때 서운한 것처럼 시집보낼 때도 서운하다는 전설은 정녕 피할 수 없는 서글픔인가 보다. 애잔한 멜로디가 도미노가 되어 소리 없이 온몸을 점령한다. 그렇지 않아도 혼담 얘기가 나온 후로는 첫딸을 보내는 생각에 젖을 때마다 눈시울이 절로 붉어졌는데 이 멜로디가 결정적으로 불을 지핀다. 왜 하필 이 순간에 이 노래가 흐른단 말인가. 남들은 경사스런 일이라고 여기저기에서 축하했지만 보내는 마음은 꼭 그렇지만은 않았다. 곱게 기른 딸자식을 내어주는 처지는 남편도 매한가지인지 눈가가 어느새 촉촉하다. 딸을 건네주는 예식장 풍경이 상상되는 것일까. 그 모습이 찡하게 가슴을 울린다.

사랑으로 엮어온 세월을 이제는 사위에게 건네주어야 할 때다. 섭섭하지만 언젠가는 가야 하는 길이기에 속절없이 허공만 바라본다. 자식이 장성해 일가를 이루게 되었으니 분명 더 없이 기쁜 일인데도 그예 눈물이 나는 것은 무슨 심사일까. 몇 해를 사이에 두고 재수(再修)라는 징검다리를 두 번이나 건너며 교원 임용고사를 통과한 게 엊그제만 같다. 막상 보내야 한다 생각하니 희로애락 굽이마다 새겨진 무늬들이 한꺼번에 되살아나 저 아래 묻어 두었던 눈물까지 고개를 든다. 멋모르고 들어섰던 산들바람은 남편의 등을 다독이고 나의 가슴을 어루만지느라 가만가만 머문다. 친정어머니도 나를 여읠 때 이러했으리라 생각하니 가슴 한구석에서 시릿한 바람이 인다.

이제는 비우는 연습을 해야 한다고 다짐한다. 비움은 또 다른 채움 아닌가. 딸아이를 줌으로써 듬직한 아들을 얻었으니 온전히 내 자식이란 욕심은 부리지 말아야 하리라. 곰곰 생각해보면 지명(知命)이 넘도록 채우는 데만 급급하며 살아온 것 같다. 내 그릇의 크기는 가늠조차 하지 않고 마음에

드는 것이라면 욕심을 부려온 게 아닌지 모르겠다. 정작 채우려면 공간이 있어야 함을 간과했다. 한발 물러서 멀리 바라보면 비움은 겸손이요 나눔이며 또한 희생인 것을….

아들을 튼실한 재목으로 키워낸 사돈께서도 어찌 마음 한 구석에 애틋함이 없으랴. 불교에서는 비우지 않으면 담을 수 없다고 하지 않던가. 나누어 준 마음이 돌고 돌아 어느 빈자리에 채워질 때 세상은 더 따뜻해지리라.

어머니가 딸 셋을 여읠 때마다 남몰래 가슴을 쓸어내리며 당신을 다스렸듯 나도 이제 그렇게 해야 하리. 딸 앞에 열린 긴긴 세월, 넘치는 기쁨 너머 힘든 일도 닥치겠지만 언제나 의연하라고 나는 어느새 기도하고 있다. 내 어머니의 어머니가 그랬듯.

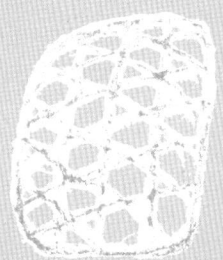

잠박(蠶箔) | 외숙모 | 외고집 | 첫 손자 | 어머니의 수의 | 재기(再起)
이불 홑청을 시치며 | 형님께 | 부지깽이 | 연성에서 온 편지

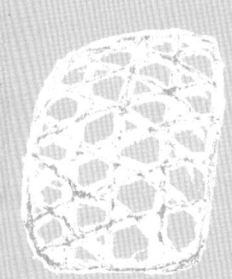

3.
부지깽이

불을 다 땐 어머니가 천천히 일어선다. 아궁이 주변을 쓸고
부지깽이를 한쪽에 세운다. 허리를 폈으나 굽어 낮아진 키는
몽당해진 부지깽이와 닮았다.

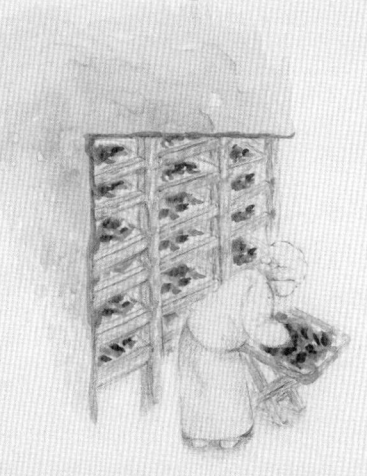

잠박(蠶箔)

　오랜만에 아버지 산소에 들렀다. 고향 집 안채는 먼 친척이 살고 있다. 잠실로 쓰던 아래채에는 어머니 아버지가 쓰시던 가재도구와 농기구들이 시간이 정지된 채 서 있다. 시대의 흐름에 밀릴 대로 밀린 잠박들도 모퉁이에 높이 쌓여 있다. 금방이라도 누에가 기어 나올 것만 같다. 주인을 잃은 채 한세월을 보내고 있는 잠박들 사이로 얼핏 어머니가 서 있는 모습이 겹쳐온다.
　비 오는 소리가 들린다. 층층으로 쌓아올린 잠박 위의 수많은 누에가 뽕을 먹느라 여념이 없다. 정겨운 소리다. 초등학생인 나는 그 소리를 들으며 잠을 자고 아침을 맞았다.
　직사각형의 잠박은 누에를 칠 때 사용하는 채반이다. 가난이 일상인 시절 농촌에서는 누에치기가 큰 농사 중의 하나었다. 뽕 밭이 푸름으로 짙어지면 안방 아랫목은 자연스레 누에 차지가 되었다.

두 잠에서 깬 누에가 갑자기 토했다. 하늘만 쳐다보며 움직이지 않았다. 이웃 담배밭의 독한 기운이 아무래도 뽕잎에 배인 모양이다. 우려했던 일이 현실로 닥쳤다. 뽕밭 주변에서는 담배 농사를 짓지 않는 불문율이 깨진 것이었다.

담배 밭주인 집은 들녘 한가운데 있었다. 그러다 보니 닭이 주변의 남의 밭을 헤치기 일쑤였다. 참다못해 누군가 몰래 약을 풀어 닭이 죽었던가 보았다. 그 파장은 인근 뽕밭에 일파만파로 번졌다. 여기저기서 원성이 터졌다.

어머니는 담배 밭주인 집으로 달려가 원망을 하다 하소연까지 하였다. 담배 밭주인은 벽창호였다. 어머니 마음은 아랑곳없이 한동안 누에가 여기저기서 죽어나갔다.

밭주인의 몰인정에 체념한 어머니는 장독간 큰 소래들을 들어내어 물을 가득 채웠다. 담배 성분이 다 빠질 때까지 번갈아가며 뽕을 두세 번 물에 우려냈다. 우린 뽕은 그늘에 완전히 말린 다음 누에에게 먹였다. 여간 번거롭지 않았다. 그래도 어머니는 노심초사하였다.

누에가 석 잠을 자고 일어났다. 눈코 뜰 새 없는 와중인데 나는 그만 앓아누웠다. 며칠째 영문 모를 고열에 시달렸다.

어머니는 밤새 물수건으로 내 이마를 식혔다. 비몽사몽 간에도 어머니의 기도 소리가 들려왔다. 그럴 때면 철없는 가슴이 메었다. 어머니 간절한 기도는 내가 정신을 놓지 않게 한 유일한 힘이었다.

엿새가 지나면서 가까스로 털고 일어났다. 부쩍 자란 누에 때문에 잠박은 천장 높은 줄 몰랐다. 뽕을 주기가 바쁘게 먹어 치우는 녀석들 때문에 도무지 정신이 없게 되었다. 나는 여느 때처럼 어머니가 뽕을 따오기가 바쁘게 소래 세 곳에 물을 채웠다. 큰 소래를 채우는 펌프질은 지루하다 못해 어깻죽지가 빠지는 중노동이었다. 따온 뽕을 그냥 올려주는 친구네가 부러웠다. 담배 밭주인이 몹시 미웠다. 담배밭을 바라보는 어머니의 고단한 한숨도 깊어 갔다.

마지막 잠에서 일어난 누에가 부지기수로 늘어났다. 안방으로는 도저히 감당하기 어려워 남새밭에 새로 지은 잠실로 이사했다. 이제는 뽕을 따는 것으로도 부족해 뽕나무를 가지째 꺾어와 줄 정도로 누에 식욕이 왕성했다. 떨어지지 않는 눈을 비비며 누에똥을 갈아주는 일이 나는 여간 귀찮지 않았다. 어머니는 바쁜 나머지 끼니도 걸렀다. 밤잠이 모자란 나에게는 그만 자라고 하면서도 그럴 때면 공판 날 받게 될 주름치마와 분홍색 운동화를 꿈꾸며 부지런히 거들었다.

겨를이 없는 중에도 나는 종종 누에들이 뽕을 갉아 먹는 소리에 취하곤 했다. 먼바다에서 들려오는 파도소리 같았다. 아니 솔바람소리 같기도 하고 비 오는 소리 같기도 했다. 그 청량한 소리에 젖노라면 노곤이 잠시 사라지곤 했다.

누에는 제 몸길이의 십만 배가 넘는 실을 끊임없이 토하다 끝내 고치 속으로 사라진다.

솔가지에서 누에고치를 따던 날 어머니는 오랜만에 웃었다. 그간 쌓인 시름이 한꺼번에 씻기나 보다. 우리 집 고치는 최상품으로 감정이 매겨졌다. 담배밭 때문에 홍역을 치렀던 땀들이 벅차기만 했다.

어머니 노고를 생각하며 잠박을 쓸어본다. 반질반질하게 손때가 묻은 잠박에서 누에의 보드라운 감촉이 느껴진다.

쉼 없는 노동력으로 쉴 새 없이 실을 뽑으며 야위어가는 누에는 다름 아닌 어머니 모습이었다. 평생 근면과 검약으로 고향의 전답을 일구신 어머니는 당신 전부였던 땅에 얼마 전 자식들 이름을 올려놓았다. 고향에 먼저 묻혀 기다리고 있는 아버지에게 이제 돌아갈 일만 남았다며 홀가분해하신다.

살다 지칠 때 나는 자주 그 시절 어머니를 떠올려본다. 머리에 흰 수건을 두른 어머니가 뽕을 가득 담은 소쿠리를 들고 들어설 것만 같다. 잠박 곁에서 졸고 있는 내 모습도 환영처럼 스친다.

외숙모

 그녀는 찻잔을 내려놓더니 차분한 목소리로 기억의 실타래를 풀기 시작한다.

 어린 시절 서울에 사는 큰외삼촌은 가끔 시골인 우리 집에 오시곤 했어. 그런 날이면 푸짐한 과자에 홀려 밤 깊은 줄 몰랐지. 어떤 때는 아버지와 술을 마시던 외삼촌이 주먹으로 벽을 치며 울기도 했어. 어른이 운다는 게 선뜻 이해가 가지 않았지만, 나에겐 달콤한 과자가 더 관심이었지.
 내가 사 학년이 되었을 무렵, 후손이 없는 외삼촌을 걱정하는 부모님 한숨 소리를 자주 듣게 되었어. 그때부터 그 울음 속에 일렁이는 고뇌의 파장을 차츰 알게 되었지.
 맏이인 외삼촌이 결혼한 지 몇 년이 지나도록 아이가 없다는 게 외가의 큰 문제로 대두하기 시작했어. 그때만 해도 자식을 낳지 못하는 것은 칠거지악의 하나라고 심심찮게 운운하던 때였으니 큰외숙모야말로 마음 편할 날이 한시도 없었지. 후손을 바라는 심정이야 여북했으랴마는 할아버지, 할머니는 애써 말을 아끼셨어. 그 대신 할머니는 틈만 나면 절에 올라 부처님께 공을 들이는 일로 간절함을 호소하셨지.

세월은 속절없이 십여 년이나 흘렀어. 그 사이 아들 둘을 낳은 작은외삼촌 내외는 얼마 후에 태어날 셋째를 큰집에 드리겠다고 중대한 선언을 하였어. 당신들 희생으로 집안 시름이 덜어진다면 기꺼이 사랑의 전도사가 되기로 마음먹은 거야.

작은외숙모가 낳은 딸은 태어난 순간부터 큰집 자녀로 무럭무럭 자랐어. 아이가 성인이 되면 알리자고 모종의 기약을 하고서. 동서의 갸륵함에 보답하는 길은 무엇보다 아기를 잘 키우는 것이라고 마음을 다잡았지. 그 길은 곧 자신의 십자가를 벗는 길이기도 했고. 집 안에서 아기 우는 소리가 난 후부터 큰외숙모는 봄꽃이 만발하면 세상이 환했고, 지는 단풍잎을 보아도 더는 눈물로 바라보지 않게 되었어.

이후부터 집안사람들이 모이는 자리에는 늘 봉인된 약속이 그림자처럼 따라다녔지. 두 집 다 서울에 살다 보니 큰집에서 자주 만나는 건 기정사실이었어. 대소사 때마다 사람들이 우세 두세 대화하다 은연중 기밀이 샐까 봐 큰외숙모는 내심 불안감을 떨쳐내지 못했어.

　귀한 자식일수록 매 한 대 더 때리라고 했던가. 어느 날 효자손이 갈라졌다는 소식을 들은 작은외숙모는 어금니를 물고 아린 속내를 다스려야만 했어. 자식을 키우다 보면 그러려니 여기면서도 자신도 모르게 애끊는 정이 솟음을 부인할 수는 없었어. 아들만 내리 둘을 낳았기에 조카의 사랑스러운 모습을 볼 때마다 순간순간 혼란스러워짐을 감출 수는 없었지. 온전하게 비울 때 마음이 자유로워진다지만 모성의 본능만은 어떤 힘으로도 막을 수 없었어. 그래도 여유 있는 큰집에서 자라는 것에 가슴을 쓸어내리며 위안으로 삼곤 했지. 큰집 현관문을 나설 때면 몇 번이나 뒤돌아보는 작은외숙모 눈은 언제나 촉촉했어. 그런 외숙모를 두고 외할머니는, 우리 둘째 며느리는 어느 한 곳 흠잡을 데 없을 만큼 아량이 넓고 사려가 깊다고 종종 말씀하셨어.

　사랑을 받으며 자란 사람이 베풀 줄도 안다 했잖아. 딸아이 마음 씀씀이가 차지다는 집안 어른들 칭찬을 들을 적마다 큰외숙모도 눈시울이 붉어지곤 했어. 그럴 때면 지난한 세월의 시름이 한꺼번에 가시고 외롭던 시절에도 한결같이 사랑을 주셨던 시부모님이 하늘에서 흐뭇해하실 것만 같았어.

강이 얼었다 녹기를 수 없이 반복하는 사이 딸은 어느덧 성인이 되었어. 큰외숙모는 오래 전 약속 때문에 내려놓을 수없는 짐을 항상 의식했어. 판도라 상자에 마지막으로 남은 희망 한 자락을 부여잡고 딸이 끝까지 당신 자식으로 살기를 염원했지.

얼마 전 이 아이가 고운 배필을 만나 결혼을 하게 되었어. 식장에 다녀온 어머니는 긴 한숨을 내쉬며 작은외숙모를 위로했어.

"올케, 조카가 반듯하게 자라 결혼도 했으니 인제 모든 것 잊고 맘 푹 놓게."

"형님, 그간 무던히 참았어요. 이제는 그 진실을….".

작은외숙모는 만감이 교차하는 감정을 추스르기가 버거웠던지 끝내 울먹거렸어. 단단히 밀봉해 두었던 비밀 상자를 금방이라도 열 듯한 분위기였지. 비록 약속은 했을망정 큰외숙모는 무덤까지 가지고 가기를 애원하기에 이르고 말았어. 양쪽 다 연민의 정이 흐르는 처지는 안타까운 마음뿐 누구도 섣불리 개입할 수 없었어.

두문불출한 채 달포 가까이 고심하던 작은외숙모는 여태 침묵을 지키고 계셔. 밤이 낮이 되고 다시 밤이 되기를 거듭하는 동안 얼마나 심사숙고할지 안개 정국이었지. 집안사람들은 언제 터질지 모르는 폭탄을 안은 심정으로 지켜볼 수밖에 없었어.

아무도 아프지 않고 피붙이인 딸이 아파서는 더욱 안 되며 이 고운 평화가 깨어지지 않으려면 내 하나의 욕심을 내려놓는 길, 그것이 모두에게 이로운 거라면 진실을 고스란히 덮어두는 수밖에 없다는 결론에 이르렀어. 아픈 진실을 드러내기란 결코 쉬운 일이 아니었어. 그래서 아무것도 달라질 게 없고 달라진 게 없는 날이 오늘도 평온하게 이어지고 있지.

담담하게 실타래를 내려놓고 식어버린 찻잔을 드는 그녀 시선이 허공에 머문다.

낳은 정과 기른 정! 두 어머니의 사무친 마음을 엿보면서 가슴이 저린 것은 나도 어머니이기 때문일까. 사랑은 진실까지도 감싸는 위대함 앞에 숙연해진다. 모서리가 닳은 섬돌처럼 두 분 가슴 속에서 마모되었을 세월을 가만히 헤아려본다. 무엇에도 비할 수 없는 거룩함이 내 마음에 고운 향기로 남아 맴돈다.

외고집

  그에게서는 항상 나무 냄새가 난다. 어느 때는 느티나무 향내가 풍기고 어느 날은 참나무 기운이 느껴진다. 공방에서 나올 때 아무리 털고 씻어도 배어든 체취를 없앨 수는 없는 모양이다. 방학을 맞아 일에 빠져 있는 모습을 볼 때면 마치 이 일을 위해 태어난 사람 같다.

  어느 고을에서 한세월 살다가 공방까지 흘러온 느티나무를 그가 쓰다듬는다. 녀석은 몸의 수분이 다 마를 때까지 밤과 낮을 보낸 시간을 헤아릴 수 없다. 나중에 변형이 올 수 있는 여지를 막기 위함이다. 도면을 꼼꼼히 살핀 그가 판재를 자르기 시작한다. 공방은 날카로운 기계음과 분진으로 오랜 잠에서 깬다. 길이나 폭을 잘못 자르면 낭패를 보기에 자못 진지하다. 대화가 여의치 않을 때도 잦지만 아랑곳하지 않는다. 온몸은 매양 톱밥으로 어지럽다.

전통가구는 일일이 짜서 맞추는 기법을 고집한다. 못이나 나사를 사용한 서양가구보다 견고하면서 아름답기 때문이다. 마치 레고 블록을 맞추어가는 형상이다. 재단된 판재 끝에 그려진 등변사다리꼴 금을 따라 그가 끌로 숫 장부를 파기 시작한다. 주먹장이라는 기법이다. 그려진 선에 근접할수록 맞물릴 각도의 정밀도에 온 감관이 집중된다. 고도로 몰입하는 눈동자가 일 밀리도 흔들리지 않는다.

이윽고 안쪽으로 본뜬 암 장부를 판다. 서로 끼워 맞춰 직각을 이뤘을 때 한살이 되기 위해 한순간도 긴장을 늦추지 못한다. 그 순간 예리한 날이 선을 좀 넘어서고 말았다. 손을 봐서 어떻게든 진행하자 해도 도리질 친다. 틈이 생기면 튼실하지 못하다는 것. 이 정도면 무방하겠다고 해도 어림없다는 듯 외면한다. 빈틈없는 성정은 그간의 공을 미련 없이 접는다. 태연히 재료를 찾아 재고, 자르고 밀고 그래서 다시 끌로 파는 모습을 보면 신들린 사람 같다. 나무의 영혼과 사람의 영혼이 한데 어울리는 순간이다. 예순 가지에 이르는 기법 중에서 어느 한 부분이라도 아귀가 맞지 않으면 그는 이처럼 조금도 굽히지 않는다. 어떤 일을 함에 있어 흔들림 없이 나아가기가 어디 그리 쉬우랴. 진득한 버팀이 그의 고집을 키웠는지도 모르겠다. 모든 장인이 그러하듯 끊임없는 담금질을 거듭하며 혼을 불어넣지 않고는 좋은 작품을 기대할 수 없을 것이다.

틈이 생길수록 허술해지는 이치는 우리 삶도 한가지이리라. 한 방향을 바라보는 부부가 같은 목소리를 내고자 하나 서로 다른 성품은 때때로 간극이 좁혀지지 않는다. 장부의 아귀가 정교하지 못할수록 삐걱대는 움직임처럼 생활 속에서도 소리가 난다. 상대방의 의견을 존중하면서 서로의 생각을 접목하다 보면 어느덧 조화로운 모습으로 어울림과 무엇이 다르랴. 어떤 일이든 탄탄할수록 동요됨 없이 확고하지 않던가.

여러 공정을 통해 며칠 걸러 경상이 골격을 갖추자 그제야 내 눈에 빛이 난다. 위판과 옆판, 그리고 다리가 서로 맞물리면서 얼추 모양이 드러나기 시작한다. 하나의 집을 짓는 일과 다름없다. 온몸으로 일에 몰두하는 사람에 비하면 나는 고작 잡아주고 옮겨주는 일인데도 내 배꼽시계는 제시간을 정확히 안다. 일의 강도로 봐서 더 시장기를 느껴야 하는 사람은 세상모르고 취해 있다.

나무토막에 생명을 불어넣어 작품으로 탄생시킨다는 것은 그리 만만한 작업이 아니다. 대패나 끌, 톱 등으로 일일이 수작업을 해야 하기에 정성이 여간 들 뿐 아니라 진행 또한 느리다. 이곳에 들어서면 세상사가 먼 이야기가 되고 모든 화면이 느리게 돌아간다. 성에 차는 작품 하나를 완성하기 위해서는 열흘도 좋고 스무날도 좋다. 도무지 계산속과는 거리가 먼 사람이다. 공장에서 두부 찍어내듯 정형화된 세상과 상관없이 그는 우직하게 자신의 중심을 지켜나간다. 그런 장면을 놓치지 않고 바라보는 나는 연방 하품이 나온다. 제켜둔 서랍이 버린 자식 같다. 성격이 급하기에는 앞자리를 다투는 사람이 이 일에서만큼은 치밀하기가 이를 데 없다. 오랜 세월 나무를 아울러온 무던한 시간 속에 저절로 수련된 셈이리라.

마침내 경상이 완성되자 구석구석 그의 손길이 미친다. 오일을 바른 뒤 전체를 샅샅이 사포로 문지른 다음, 다시 오일 바르는 과정을 며칠 걸러 서너 번 반복한다. 눈이 아닌 가슴으로 느낄 수 있도록 서랍 손잡이 뒤까지도 허투루 넘기는 법이 없다. 마지막까지 심혈을 기울이는 그의 머리와 속눈썹은 온통 분진으로 하얗다.

평범한 느티나무가 수없는 손길을 거치면서 위엄 있는 작품으로 거듭나는 모습은 경이롭다. 마치 의관을 갖춘 선비의 품격을 가까이서 보는 것 같다. 현란한 색으로 눈길을 끌려고 하지 않는 겸양과 정중함까지 갖추었다. 차분한 색에다 그림을 그린 듯 유려한 선이 풍기는 고매함에는 우리 것이 자아내는 운치가 서려 있다. 같은 물이라도 소가 마시면 우유가 되듯 느티나무는 그의 부단한 담금질 끝에 더할 나위 없는 용모로 환생했다. 누가 저 모습을 보고 나무로서 생을 마감했다고 할 것인가.

그는 학창시절 기능대회에서 일찍이 금메달을 거머쥘 때부터 집념이 강하다는 평을 들어왔던 터였다. 교직에 몸담은 후 스무 해 가까이 지도자의 길을 걸으며 국제대회에서 성과를 거둠은 예견된 일이었을까. 결코 짧지 않았던 걸음이 국가로부터 영예로운 수상으로까지 이어지게 된 것은 그의 보람이자 자부심이기도 했다.

인위적인 아름다움을 앞세우지 않으면서 나무의 결과 무늬가 자연스럽게 빚어낸 미적 감각에 그는 남다른 긍지를 느낀다. 고집스럽게 이 일에 매달리는 것도 점차 사라져가는 우리 것에 매료되어서다. 아무도 들을 수 없고 아무나 다듬을 수 없는 나무를 그는 오늘도 어루만지며 혼신을 기울인다. 그 열정이 그를 살아가게 하는 에너지라는 사실에 나는 미소를 보낸다.

첫 손자

아기가 아기를 안고 왔다. 큰애는 작년에 결혼하더니 새봄과 함께 아기를 데리고 왔다. 아기는 강보에 싸인 채 세상모르고 잔다. 살그머니 열어보는 순간 울컥 눈물이 돈다. 나도 모를 핏줄에 대한 애틋함이 솟은 것일까. 아무리 봐도 신비스럽다는 생각밖에는 달리 어떤 생각도 들지 않는다.

아기가 아기를 잉태한 것도 사실은 신기했는데 새 생명을 두 손으로 맞이하는 벅차오름이라니. 자식이 결혼하여 자식을 낳음은 당연한 일인데도 내가 겪었던 일보다 더 신성하게 느껴지는 연유는 무엇일까. 내가 그만큼 나이를 먹었다는 방증일까. 잉태된 아기가 언젠가 세상에 나오리라는 막연한 기대를 할 때와는 분명히 또 다른 설렘이다. 아기의 눈과 코와 입이 눈앞에서 실룩거리고 열 개의 손가락과 발가락이 꼼지락거리니 그 안개와도 같은 막연함이 일순간 걷히면서 새 생명의 숨소리가 경이롭기만 하다. 천상에서 방금 내려온 천사를 만난 듯 온몸이 하늘로 붕 뜨는 기분이다.

아기 얼굴을 더 가까이 보기 위해 허리를 굽힌다. 쌔근쌔근 새어 나오는 숨소리에 따뜻한 온기가 전해온다. 오래전에 익숙하던 그 향기, 어미의 다디단 젖 냄새. 정녕 꿈이 아닌가 싶어 아기 볼에 입술을 대본다. 이 보드라운 감촉, 그래 아기가 맞다. 딸이 열 달을 품어 낳은, 아직은 내게 낯선 이름이지만 손자 녀석이 맞다.

아기가 보스락거리며 잠에서 깬다. 딸은 기저귀부터 갈아준 후 젖을 물린다. 젖꼭지를 물자마자 꿀 같은 젖을 꿀떡꿀떡 넘긴다. 아기가 먹는 모습이 신통하다. 세상에 나와 이렇게 먹어야만 살 수 있음을 삼신할미가 가르쳐서 내보낸 것일까.

아기는 다시 잠이 든다. 이제 한숨씩 잘 때마다 나날이 살이 오르리라. 예전엔 미처 몰랐던 남모를 흐뭇함이 소로시 인다. 가슴 안에 뭔가 가득 찬 느낌, 맹목적으로 솟아오르는 무한한 애정. 손자에게 느끼는 사랑은 바로 이런 빛깔일까. 내 아이를 키울 때보다 어여쁨이 배가되어 있음을 자각한다. 이미 할머니가 되어 있음을 실감한다.

그러고 보니 서른 후반에 할머니가 되어 본 적이 있다. 늦둥이를 키우다 우연히 세 번이나 할머니로 불린 기억은 내게 적지 않은 상처였다. 그때 무심코 들여다본 거울 속의 여자가 헐렁하고 초췌하여 생경하기만 했다. 뜨거운 눈물을 머금으며 앞으로는 흐르는 세월과 적당히 타협하지 않겠노라고 결연한 의지를 다졌다. 거기에 어느 정도는 부합한 셈인가.

어제는 성당을 다닌 지 몇 개월 만에 처음으로 구역 예배에 참여했다. 다들 낯선 내게 따뜻한 인사를 건넸다. 서로의 환경을 어느 정도 아는 구역 식구들은 첫걸음인 나에 대해 이것저것을 묻다가 몇 학년 몇 반이냐는 질문에 초점이 모였다. 그때 나를 인도한 수산나는,

"저 언니 최근에 첫 손자 봤어요."

한꺼번에 집중되는 뜨악한 시선에 그만 얼굴이 달아오르고 말았다. 한결같이 아직은 때가 아니라는 듯 떨떠름한 표정. 저들은 지금 나를 불혹으로 인식한 것일까. 그렇다면 이 순간을 못내 흐뭇해해야 할지 겸연쩍어해야 할지 나는 잠시 혼란스러웠다. 삶은 때때로 예기치 않은 곳에서 이변을 창출하는 아이러니의 연속이다.

우리 집 정황을 잘 아는 아파트 앞 슈퍼에서는 이제 내가

갈 때마다 언니라는 호칭 대신 할머니라며 일부러 크게 부른다. 그만하라고 종주먹을 대도 실실 웃어가며 사람들이 듣게끔 한다. 단발머리 여자가 할머니로는 보이지 않는다는 듯 양쪽을 의아한 눈빛으로 보는 이들 앞에 나는 짐짓 태연한 척한다.

애써 천연스러운 척했지만 돌아오는 발걸음에 왠지 모를 쓸쓸함이 따라붙는다. 하루아침에 할머니 반열에 오른 마음이 그리 편치만은 않다. 엊그제 나와 오늘의 내가 무에 그리 큰 차이가 있을까마는 막상 인정할 상황에 이르니 가슴 한 구석에 시릿한 바람이 이는 것은 어쩔 수가 없다. 몸은 언제나 마음을 따라가지 못해 뒤척거리는데 마음은 그것도 모르고 몸에 타박을 늘어놓기 시작하는 나이 지천명. 어쩌랴! 장강 물결이 쉼 없이 흐르듯 사람도 세월도 끊임없이 흐르는 게 정한 이치 아닌가. 그 흐름을 초연히 받아들이는 여유가 지금 내게 필요한 것을.

어머니의 수의

"느그 아버지가 요놈들을 보면 얼매나 좋아하실 거나…."

어머니는 말꼬리를 흐렸다. 내내 웃고 있는 줄 알았는데 일찍 돌아가신 아버지가 마음에 걸린 모양이었다.

어버이날 밤이 깊어가면서 형제자매들 술잔 부딪는 소리가 정답다. 어머니는 술잔을 받아 놓고 앉아만 있는 내 손을 잡아 슬며시 작은방으로 이끌었다. 나에게 보여줄 것이 있다며 장식장 위에서 두꺼운 종이 상자를 내려놓았다. 보자기를 조심스레 풀자 그 안에는 수의가 놓여 있었다.

"나도 인자 일흔이 넘지 않았냐? 혹여 불각시에 내가 죽게 된다면 느그들이 우왕좌왕 할까 봐서 미리 일러준다."

수의를 지은 옷감은 어머니가 시집올 때 함에 들어 있었던 예단이라 했다. 당시 함에는 보기 드물게 명주 한 필, 무명 한 필과 함께 가는 삼베 한 필이 들어 있었단다. 아버지 때는 경황이 없어 미처 생각을 못했다며 아쉬워했다. 어머니가 돌아가신 뒤 아무것도 모르는 우리가 뒷정리를 하다 태워 버릴 것 같아 생각 끝에 수의를 만들었다고 했다. 미처 수의 준비할 생각조차 못한 나는 죄송한 마음이 들었다.

바지, 저고리, 두루마기, 요, 이불, 버선, 노자 주머니…. 언젠가 어머니가 이 옷을 입을 생각하니 어지럼증이 일었다. 그렇지만 미리 만들어 두면 장수한다는 말을 곧이곧대로 믿고 싶었다. 어머니가 첫딸을 낳았을 때 포대기를 만들고 싶어 할머니께 여쭈었더니, "야야 내가 그것을 얼매나 정성 들여 짠 줄 아냐? 포대기는 사줄 팅게 잘 됐다 더 좋은데 쓰도록 혀라." 하셨단다.

돌돌 말린 채 수의 아래에서 긴 잠을 자던 명주와 무명에 손길이 닿았다. 거미줄처럼 가는 씨실과 날실의 섬세한 짜임에 할머니 품성이 고스란히 느껴졌다. 할머니는 이 미세한 실로 한 올 한 올 짜는 동안 새 며느리에 대한 기원을 간절히 담았을 것이다. 그런 바람에 부응하기 위해 어머니는 얼마나 조신했을까. 할머니 사랑을 가장 많이 받는 며느리가 되기까지 하고 싶은 말과 일을 무던히 참았을 것이다. 남루한 살림에 다섯 자식을 키우는 동안 절실할 때가 많았을 텐데도 애써 장롱 깊숙이 보관해 오셨으리라. 그것이 반세기 후에 당신 수의 감이 되리라고는 생각지도 못한 채.

　수의는 애틋함만 간직하지는 않았다. 그 속에는 어머니의 한숨이 녹아 있기도 했다. 어머니와 아버지는 가난에서 벗어나기 위해 진일 마른일을 가리지 않았다. 아무리 부지런한 동네 사람도 아버지가 새벽에 들에 다녀온 뒤에야 일어나곤 했다는 말이 공공연할 정도였다. 십여 년 만에 가까스로 기반을 닦은 아버지는 매사에 공명정대하여 근동에서 판관(判官)이란 별호까지 얻었다.

　그런 아버지에게 복병이 있었다. 한 부모 아래에서 자랐기에 성품이 같기를 바란 것은 욕심이었을까. 애지중지 마련한 농토가 노름을 일상처럼 여기는 사람과 힘으로 위세를 부리는 사람에게는 눈엣가시로 작용했다. 혈육이라도 번번이 요구하는 도박자금이나 나 몰라라 하는 보증을 설 수는 없는 일이었다. 그렇지 않아도 오래전 보증 때문에 이미 아버지 허리는 휘고 있었다. 양쪽의 터무니없는 요구가 빗나갈 때마다 험한 말이 쏟아지는가 하면 으름장을 놓기도 해 어머니 아버지는 상심이 깊었다. 상식을 넘는 행위는 강단 있고 현명한 판관이라도 속수무책이었다. 천형처럼 안고 살아야하는 이런 일이 잊을만하면 불거지다 보니 견디다 못해 고향을 떠날 생각까지 했지만 쉬운 일은 아니었다. 동기간 일이기에 냉가슴만 앓을 뿐 어디에 하소연할 수도 없었다. 일상의 불안감에 시달린 어머니 얼굴에는 늘 수심이 가득했다. 그로 인해 동년배들보다 십 년이나 늙어버린 어머니. 이런 삶이 못내 고단하셨던 것일까. 아버지는 회갑을 넘기기가 바쁘게 세상을 떠났다.

 무심한 세월은 용서받을 시간도, 용서할 기회도 주지 않은 채 황망히 흘렀다. 운명에 순응해 가장 낮은 자리에서 몸을 사리며 살아온 나날이 밤길에 살얼음 위를 걷던 형국이었다며 끝내 눈시울을 붉히는 어머니. 이제는 동기간 때문에 더 이상 아파할 일도 없건만, 하루가 다르게 마른 낙엽이 되어가는 어머니는 그래도 살아있는 사람으로서 짐을 풀고 싶은가 보다. 떠올리면 마음만 아픈 기억은 상처만 될 뿐 언젠가는 지워야 할 얼룩이나 다름없었다. 얼룩은 입힌 이도 입은 이도 분명 편치 않은 그늘이었다. 어머니는 이제 이쯤에서 당신이 먼저 묵은 회한들을 말끔히 털어냄으로써 모든 것을 용서했다고 믿고 싶어 했다. 죄는 사람이 아니라 몹쓸 놈의 가난이라며. 그래야 저승에 가면 조상님을 편히 볼 수 있을 거라 여겼다. 설움 많은 세월을 뒤로하고 이제 떠날 준비를 하는 어머니 가슴이 얼마나 시릴까. 찬바람 같은 긴 숨을 몰아쉬었다. 비로소 평온한 모습으로 돌아온 어머니는 이제 속도 겉도 다 비워낸 듯 가벼워 보인다.

　옛 어른들은 함 속의 예단으로 수의를 지으면 밝은 내세가 열린다고 믿었단다. 어머니는 수의를 매만지며 홀가분해 하셨다. 나는 펴 놓았던 수의를 다시 차근차근 개어 상자에 넣었다. 어머니 몸에서 사위어 가는 기운이 파문을 일으키더니 울컥 목울대를 타고 넘어왔다. 수의는 어머니의 노정을 다 아는 듯 상자 안에서 그저 묵묵했다.

재기(再起)

　오월 하늘에 만국기가 휘날린다. 똑같은 체육복 무리 속에서 막내를 찾는 일은 쉽지 않다. 경기 승패가 가려질 때마다 함성이 운동장을 달군다. 신록이 물드는 교정은 꿈나무들 희망으로 벅차오른다.
　대전이 막바지로 접어들 무렵 학부형들 백 미터 달리기다. 뒤뚱거리는 어머니들에 이은 아버지들 경기는 한결 박진감이 넘친다. 팽팽한 힘이 분위기를 단숨에 제압한다. 앞서거니 뒤서거니 순위가 바뀔 때마다 응원도 덩달아 뜨거워진다.
　마지막 주자들이 중간을 통과할 때쯤 세 명이 뒤엉켜 넘어졌다. 관중석은 일순간 짧은 비명과 함께 쥐죽은 듯 조용하다. 부딪침이 강했던지 누구도 일어나지 못한다. 남은 주자들이 쏜살같이 도착해버린 운동장은 정적만 흐른다. 잠시 후 두 사람이 고통스럽게 일어서려 애를 쓴다. 박수가 터지자 엉거주춤 달린다. 미동조차 없는 주자에게 교사 둘이 다가가자 손사래를 친다. 혼자 일어나겠다는 신호 같다.

의지대로 되지 않아 괴로워하는 표정 위로 형부 모습이 어린다. 쉰을 넘긴 형부는 별안간 하반신 마비가 왔다. 절박한 순간에는 눈물도 나지 않는 것일까. 언니는 넋이 나가 울지도 못했다. 수술을 받아도 회복 가능성이 20퍼센트라 했지만 우리는 99퍼센트로 믿고 싶었다. 형부는 기다리기가 답답했던지 수술 날짜를 당기고 싶어 했다.

간절한 바람은 욕심이었을까. 수술에 온 희망을 걸었던 형부 눈에 눈물이 고였다. 여전히 닫혀있는 육신의 문 앞에 헤아릴 수 없이 복잡한 감정들이 서렸다. 아직도 학업 중인 조카들과 탄탄한 사업체 앞날까지 불투명했다.

기약 없는 재활치료에 돌입했다. 다행스러운 건 언니가 사업장에 함께 해왔던 터라 가까스로 이어갈 수는 있었다. 중심축이었던 형부 빈자리는 컸다. 여자 몸으로 십여 명의 남자 직원을 관리하는 일은 쉽지 않았다. 먹고 사는 일은 엄했다. 군 복무를 마치고 복학을 준비하던 조카가 일단 사업장에 뛰어들었다.

마지막 주자가 간신히 일어서자 또다시 박수가 쏟아진다.

그는 배를 움켜쥔 채 천천히 발을 떼기 시작한다. 몇 미터를 걷다가 허리를 꼬부리더니 한참 만에 어렵사리 내딛는다. 그 인내심에 경외심이 인다. 관중석에서는 격려의 물결이 퍼져 나간다.

몇 해 전 언니와 통화 중에 무심코 수능을 다시 준비하는 큰애 이야기를 꺼냈다. 언니 역시 한해 전에 겪은 터라 자연스럽게 교감이 흘렀다. 보름쯤 후 우연히 은행에 간 나는 친정어머니 이름으로 보내온 많은 돈에 깜짝 놀랐다. 영문을 모르는 가운데 어딘지 석연치 않은 느낌을 지울 수 없었다. 뒤늦게서야 형부가 어머니 이름을 도용한 사실을 알게 되었다. 형부는 그랬다. 다른 형제들에게도 보이지 않는 살가운 정이 깊었기에 우리 마음이 더욱 아팠다.

의지와 상관없이 다가오는 병마 앞에서 어느 누가 자유로울까. 형부 다리는 다행히 감각이 살아 있어서 가능성이 희망적이라고 했다. 덩그런 침대 위에 누워 좌우로 돌기, 다리 옮기기, 상체 일으켜 앉기, 팔굽혀 펴기 등등…. 건강할 때는 사소한 동작들이 힘에 겨워 땀범벅이 되었다. 그 몸부림을 먼발치에서 보던 나는 눈앞이 흐려 고개를 돌리고 말았다. 언니 속은 피 울음이 번졌으리라.

친정어머니와 병원에 간 날 형부는 처음으로 휠체어에 앉아 있었다. 낯설게 비쳤을 모습에 만감이 교차했나 보았다. 어느새 눈시울이 촉촉했다. 마음속에서 수없이 꿈틀거리는 위로의 말을 나는 끝내 한 마디도 꺼내지 못했다.

언니의 타는 속도 모르고 계절은 속절없이 흘렀다. 빈혈을 일으키는 병원비에도 형부의 차도는 갈증나게 일었다. 바라는 마음이 지쳐갈 때쯤 발가락 움직임에서 겨우 발목으로, 다시 기다림이 탈진할 때쯤 발목에서 무릎까지 감각이 돌아왔다. 애는 탔지만, 진전이 있기에 희망을 품을 수 있었다. 끊임없는 재활 훈련도, 의연하게 형부를 대신하는 조카 일도 한 해가 저물면서 익숙해져 갔다.

큰애가 서울에서 임용고사를 본 날, 언니 집에 들렀다. 형부는 오랜만에 집으로 외출 중이었다. 차를 마신 형부가 목발을 짚더니 휠체어에서 가만가만 일어섰다. 파르르 떨리는 오른발을 간신히 뗀 후 감각이 제법 돌아온 왼발을 재빨리 옮겨 중심을 잡았다. 조심스레 한 발, 한 발 옮길 때마다 나는 숨을 죽였다. 내 눈에는 측은하기 그지없는 어눌한 걸음이지만 혼신을 다하는 형부에게는 희망이며 기쁨 자체였다. 걸음마를 처음 배우듯, 거실을 가까스로 한 바퀴 돈 뒤 다시 휠체어에 앉았다. 줄곧 가슴을 쓸어내리던 나는 박수가 절로 나왔다. 음으로 양으로 형제들이 염려해준 덕에 이만큼 회복

했다는 의미가 담긴 것 같았다.

불과 이십여 미터 남짓한 거리가 마지막 주자에게는 아득한 모양이다. 결승점을 향해 안간힘을 쓰는 모습에 주먹에서는 땀이 난다. 그 집념을 향해 힘찬 응원이 쏟아진다. 마침내 결승점에 이르자 장내는 우레와 같은 박수가 터져 나온다.

온 대지가 초록으로 물들고 있다. 지난겨울 폭설로 찢어진 가지에서 돋는 연초록 순은 더 감동적이다. 올해는 형부 다리에도 온전하게 초록 물이 돌기를 기원해본다. 오늘도 재활에 구슬땀을 흘리는 형부가 재기하는 그날을 위해 나는 이제 박수를 아껴 두어야겠다.

느슨해진 만국기 아래로 먼지를 뒤집어쓴 막내가 트랙을 가로질러 내게 안긴다. 아이 등 너머로 오월의 신록이 싱그럽다.

이불 홑청을 시치며

　이불 홑청을 시친다. 깨끗하게 세탁한 홑청에 풀을 먹인 다음 빳빳하게 마르기 전에 곱게 접어 발로 자근자근 밟았다. 바람을 마저 쐬어 고슬고슬해진 홑청을 이불에 씌운다. 오랜만에 잡아보는 돗바늘이 손에 설어 어설프다. 그래도 애써 한 땀 한 땀 시침을 한다.
　이불에서 어머님의 숨결이 느껴진다. 신혼여행 떠나기 전날 시댁에 들렀을 때 장롱에서 처음으로 내려왔던 이불이다. 오래전 당신이 시쳤을 길을 따라 서툴지만 나도 바늘을 꽂는다.
　어머님은 막내며느리에게 처음으로 받아본 이 혼수 이불을 무척 아끼셨다. 시부모님은 물론이요, 자식들이 어쩌다 내려와도 선뜻 내놓지 않았다. 딸들은 어머니가 새 이불을 쓰려면 허드레 이불이 사라져야 한다며 헌 이불을 슬쩍슬쩍 아궁이 속으로 밀어 넣곤 했다.

지금은 주택 난방이 잘 되어 솜이불이 필요 없다. 그런데도 이 이불에 애착이 가는 것은 나와 함께 이 가문 식구가 되었기 때문이다. 이 목화솜 이불이 대체 뭐라고 극진하게 아끼다 결국 떠나셨다. 새 이불이나 다름없는데 연기와 함께 사라지는 것이 안타까워 내 품에 안고 왔다.

어머님은 슬하에 일곱 남매를 두었지만, 유난히 우리를 미더워했다. 같은 지방에 살았기에 집에 무슨 일이라도 생기면 항상 달려갔다. 막내였지만 맏이 이상으로 시댁 일을 돌보았다. 자연 시댁에서도 우리는 으레 달려오는 자식으로 자리매김 되었다. 때마다 어려운 일을 야무지게 해결해주는 막내아들 내외가 누구보다 듬직했으리라.

그러나 내게 어머님은 항상 어려웠다. 내 나름대로 묵묵히 소임을 다했으나 종종 타박이 일었다. 서운한 말씀도 곧잘 하셨다. 먼데서 가뭄에 콩 나듯 오는 형님들에게는 관대하면서도 유독 내게는 엄한 처사가 혼란스러웠다. 겨우 아물 만하면 뜻하지 않은 일로 다시 마음고생을 했다. 고단하니까 서러운 나머지 눈물이 고이기도 했다. 어머님은 형님들 몫까지 내게 기대하는 것 같기도 하고, 빈자리에 대한 섭섭함의 화근을 은연중 푸는 것 같기도 했다. 대소가가 모이는 때마다 재래식 부엌에서 홀로 동동거리는 내게 동네 어른들은 "부모 잘 섬기면 그 복이 이담에 자식에게 돌아간다."며 위로했다.

아버님이 돌아가시자 어머님은 매사에 불안해했다. 다니던 걸음이 더 잦을 수밖에 없었다. 서서히 평상심으로 돌아오기를 바랐지만, 우리만 보면 눈물이 글썽거렸다. 그 모습이 자못 처연하여 속절없이 바라만 볼 뿐이었다. 아버님 생전에 그리 다정하지는 않았지만, 미망인의 한은 시려 보였다. 아버님 빈자리는 자식의 정성으로는 채워지지 않는 모양이었다. 어느 날 외삼촌이 "느그 아버지 탈상이 끝나면 가고 싶은 자식에게 가서 살라 했다."라고 하자,

"깨물어 안 아픈 손가락 없다지만 나는 그래도 느그가 젤로 이물 없다."라고 했다.

회갑을 바라보는 어머님은 우리가 모시겠다고 하면 나설 것 같았다. 하지만 당신 성정에 맞는 며느리이기에는 항상 일정 수준의 거리가 존재했다. 그렇지 않아도 타박투성이인 터라 수없이 맞닥뜨릴 불협화음이 서늘했다. 그 생각만 하면 불편했던 일들이 한꺼번에 떠올라 가슴이 먼저 방망이질을 했다. 언제나 강한 성품을 조금만 내려놓았으면 싶었지만, 나에게는 바람일 뿐이었다. 아무리 생각해도 자신이 없었다.

결단을 내리지 못한 이후로는 밤마다 쉽게 잠들지 못했다. 샛길로 피해 가고 있는 것 같은 죄책감이 자꾸 나를 괴롭혔다.

언젠가는 우리가 다녀온 지 이틀밖에 안 되었는데 느닷없이 어머님이 오셨다. 엊그제 미처 다스리지 못했던 당신 성정이 못내 걸린 나머지 며느리를 다독이러 온 걸음이었다. 딱딱한 표면만 지닌 줄 알았는데 게의 속살처럼 어머님 속에도 부드러운 결이 숨 쉬고 있음을 그때 나는 비로소 알았다.

봄이 몇 굽이 도는 사이 가까스로 어머님은 평정을 되찾았다. 그러다 어느 여름 갑자기 쓰러졌다. 이제는 더는 홀로 계시게 해서는 안 될 것 같았다. 그래도 누구보다 내가 지어드린 밥이 입에 착착 감긴다고 자주 뇌시지 않던가. 퇴원하면 봉양할 각오를 나는 이미 하고 있었다. 지성이면 감천이라고 아무리 힘든 상황도 성심으로 대하면 어딘가 길은 있으리라 생각했다. 물려줄 재산이 없다고 미안해하는 분께 그런 마음이 가시도록 정성껏 섬기리라 다짐했다. 그런데 뜻밖에 삶의 끈을 내려놓고 말았다. 막내며느리 진심도 모른 채 망연히 떠나셨다. 어머님과 나 사이에 공유했던 쓰고 시고 떨떠름했던 기억들도 무심히 그 뒤를 따라갔다.

상대방에 관한 관심이 어느 순간 체념으로 바뀌고 체념이 다시 포기로 이어지는 것처럼 무서운 일도 없다. 하지만 기대치가 높을수록 관심도 많아 간섭을 자주 하게 되는 이치를 생각해본다. 교사인 남편은 열심히 공부하는 제자가 실수하면 자신도 모르게 다른 학생보다 더 야단을 치게 된다고 한다. '귀한 자식 매 한 대 더 때린다.'는 속담도 있다. 잘하고 있는 사람일수록 나태해지고 거만해질 수 있기에 경계를 늦추지 말라는 의미가 아닌가.

곰곰 생각해 보니 간섭은 곧 관심이요 사랑의 표시였다. 미욱한 며느리는 머리에 서릿발이 내리고서야 당신의 깊은 심중을 헤아린다. 이 이불을 아끼셨던 것처럼 사실은 막내며느리도 그렇게 아끼는 마음이었음을…. 고달팠던 순간들도 이제와 돌아보니 속속들이 애틋함으로 다가온다. 지금 이 생각을 그때 가늠했더라면, 그래서 단 한 해라도 따뜻하게 모셨더라면 오늘 이리 마음이 시리지는 않으리라.

이제 한 귀퉁이만 시치면 홑청 씌우기가 마무리된다. 보송보송하고 말끔하게 변한 이불은 어머님 장롱 속에 있던 모습 그대로다. 굳이 고치지 않은 것은 우리 형제들이 모일 적에 푹신한 요로 사용하고 싶어서다. 이 요위에 나란히 자면서 당신을 생각하면 우애도 절로 다져지리라. 어머님에 대한 그릇된 기억은 홑청 빨듯 깨끗이 지웠으니 마음속 깊이 아끼신 사랑을 돗바늘로 마저 한 땀 한 땀 시치며 아로새긴다.

이불 홑청을 시친다. 깨끗하게 세탁한 홑청에 풀을 먹인 다음 빳빳하게 마르기 전에 곱게 접어 발로 자근자근 밟았다. 바람을 마저 쐬어 고슬고슬해진 홑청을 이불에 씌운다. 오랜만에 잡아보는 돗바늘이 손에 설어 어설프다. 그래도 애써 한 땀 한 땀 시침을 한다.

형님께

　형님, 덕유산에는 벌써 눈이 내렸겠네요. 아득히 먼 꼭대기에 세 번쯤 내려야 비로소 동네에도 눈이 오곤 했지요. 도회지인 이곳에서도 드디어 첫눈을 맞이했답니다.
　택배로 보낸 노란 쌀부대를 보는 순간 저는 형님 마음임을 단박에 알았습니다. 그냥 지나칠 법도 하건만 올해도 잊지 않고 챙겨주신 살가움에 가슴이 따뜻했습니다. 윤기가 흐르는 햅쌀 한 알 한 알이 여름내 흘렸을 형님 땀방울로 보였습니다. 게다가 기다란 비닐봉지에 싼 고수는 저희 내외가 특히 좋아하는 채소지요. 그것을 알고 일부러 챙겨 주신 마음에 뭉클했습니다. 독특한 향을 지닌 고수는 도시에서는 쉽사리 맛볼 수가 없는 귀물이라서 무척 반가웠답니다.
　어렸을 때부터 고수를 먹고 자란 장수 사람들은 그 맛의

매력을 익히 알지요. 잊고 지내다가도 어느 날 울컥하면서 가슴을 저리게 만드는 힘은 바로 고향이 전해주는 푸근함에 있는 것 같습니다. 고수가 식탁에 오르면 이제 아이들은 시골 큰고모부터 떠올린답니다. 뿌리째 먹는 채소라서 깨끗이 씻어 물기까지 닦아 보내셨네요. 아파트에 고향 흙 좀 떨어지는 게 무에 그리 대수겠어요. 세세한 부분까지 마음을 써주는 형님은 아직도 철부지인 저에게는 어머니 같은 분입니다.

고향에 양가 어른들이 안 계시다 보니 한 해 고작 한두 번밖에 형님을 뵐 수 없어 죄송합니다. 각양각색의 약초들을 말리고 다듬어 중량별로 정리하랴, 주문받아 중탕하랴, 틈틈이 농사짓는 사이에 챙긴 것을 알기에 고개가 숙여집니다.

형님은 어린 날 일찍이 모친을 여의어 제 시어머님 슬하에서 자라셨다지요. 냉정하게 따지면 형님과 저는 피 한 방울 섞이지 않은 사이지만, 이제 시부모님마저 돌아가시고 나니 이상하게 형님에 대한 정이 더 애틋해집니다.

요즘은 형제도 자기 살기에 급급한 시대 아닌가요. 더구나 경제가 어렵다고 아우성치며 다들 주머니를 닫고 사는 세상입니다. 그런데도 한결같이 나눔을 베푸는 인정에 저는 형님이기 이전에 진정한 인간애를 배웁니다. 가난했던 시절에 맏이로 태어나 삶의 굴곡을 굽이굽이 넘어왔기에 이리 마음 씀이 차지고 넘치는지요.

 건재상을 정리하고 미국으로 건너갈 때만 해도 저는 형님이 데면데면 어렵기만 했습니다. 그런데 몇 년 후 다시 돌아왔지요. 오늘날 예전보다 더 큰 사업을 이룩한 바탕에는 부지런하신 아주버님 뒤에서 묵묵히 내조한 형님 그림자가 한몫했음을 압니다. 약초를 사들여 상품으로 거듭나기까지 얼마나 많은 잔손질을 거쳐야 하는지 어렴풋이 압니다. 그럼에도 어쩌다 저희가 들르면 주방에서 뚝딱 하는 사이에 푸짐한 밥상을 차려 내왔지요. 한시도 앉아 있을 틈이 없는 형님을 보면서 내심 안타까웠습니다.

 형님은 약재 창고 사이에서 자유롭게 크는 닭이 낳은 유정란을 갈 때마다 한소쿠리씩 담아 주기도 했지요. 도시 계란보다 노른자가 유난히 진했습니다. 대수롭지 않은 물건 같아도 그 속에는 형제를 보듬어 품는 사랑이 진득하게 배어 있음을 압니다. 저희 집 베란다에 쌓여가는 빈 소쿠리를 볼 때마다 둥글둥글한 형님 마음을 생각합니다.

 형님, 이웃의 가까운 분이 김장하라며 농사지은 배추를 주겠다고 합니다. 감사해야 할 일을 두고 저는 탐탁하게 여기지 않았습니다. 사실 저는 김장을 편히 하려고 절여오는 배추를 주문하려던 참이었거든요. 몇 해 전부터 도시는 절인 배추를 배달받아 간편하게 버무리기만 한답니다. 물가는 하늘 높은 줄 모르고, 경제 지표가 되는 주가마저 바닥을 맴돌아 뉴스마다 소란스럽잖아요. 이런 현실에 고마워하기는커녕 마음이 내키지 않다니요. 일이 무서워 피하려는 자신을 발견하곤 부끄러웠습니다. 농사의 어려움이 얼마나 고단한지 아는 농부 딸이 회피하려 하다니요. 언제부터 제가 편한 것에 길들었는지 모르겠습니다. 그래서 팔을 걷어붙이고 배추를 기다리고 있습니다. 형님이 보기엔 그런 제가 얼마나 지각없어 보이겠는지요.

저는 오랜만에 포만감에 젖었습니다. 기름이 반지르르한 햅쌀에다 고랭지 고수로 겉절이를 하였더니 향긋하면서도 달았습니다. 먹어도 자꾸 입에서 침이 먼저 고였습니다. 오늘 저녁은 오랜만에 형님 집 마루에 앉아 까치밥을 바라보며 고향 품에 안긴 기분이었습니다.

고마우신 형님, 모쪼록 이 겨울이 형님 내외분에게 편안한 계절이기를 기원합니다.

부지깽이

 어머니와 고향 집에 들렀다. 호두나무 그늘 밑에서 양은솥에 불을 지피던 친족 할머니가 우리를 보고 깜짝 반긴다. 내가 아궁이 앞에 앉자 칠순 어머니가 나를 밀어내고는 대신 앉는다. 부지런한 사람은 역시 불길도 알아본다고 할머니가 한마디 거든다. 부지깽이로 불길을 돋우던 어머니가 솥에서 김이 나자 타고 있는 부지깽이를 재 속에 묻어 비빈다. 그 모습을 보고 있는 내 얼굴에 미소가 번진다.
 가마솥에 쇠죽을 끓이는 일은 항상 내 몫이었다. 주 땔감은 왕겨였다. 오른손으로 풀무를 돌려 바람을 일으키면서 왼손으로는 왕겨를 아궁이 속에 넣었다. 원통형 관을 통한 바람이 불길을 돋우면 그때부터 불 붙은 부지깽이가 바빠지기 시작했다. 타버린 재는 뒤로 밀어내고 새로 들어오는 왕겨를도도록하게 올려주는 일에 쉴 새가 없었다. 그래야만 불꽃이 잘 타올라 쇠죽이 끓었다.

왕겨가 없을 때는 생솔가지를 때기도 했다. 생솔가지는 잘 탈 것처럼 요란한 소리를 내며 타오르다가도 걸핏하면 꺼지기 일쑤였다. 아궁이는 금세 매캐한 연기로 뒤덮였다. 불씨마저 사위어갈 때도 있었다. 그럴 때면 부지깽이 끝에 간신히 남은 불씨로 불길을 살려야 했다. 눈물과 기침과 콧물이 범벅되어 씨름하다 보면 부지깽이는 제 몸을 태워 불꽃을 소생시키는 마술지팡이가 되곤 했다.

어머니 손에 들린 부지깽이가 몽당해졌다. 불과 한살이 되어 자신을 소진한 부지깽이를 물끄러미 보다가 불현듯 그 역할이 어머니와 닮았다는 생각을 했다. 키가 작아진 어머니가 등이 말린 채 앉아있는 모습에 잔잔한 소용돌이가 인다.

좋은 사위를 봤다고 동네가 떠들썩한 지 막 두 해가 지난 즈음이었다. 갑작스러운 사고로 어머니는 그 셋째 사위를 잃었다. 갓 백일 지난 아기를 안은 아우는 물 한 모금 넘기지 못했다. 아버지를 여읜 뒤 아들 집에 계시던 어머니는 한달음에 내려와 아우 곁에 머물렀다. 사별이 아무리 서러워도 살아야 아기를 돌본다며 셋째 딸의 손과 발이 되기를 주저하지 않았다. 자식의 절망 앞에 어머니는 혼신의 노력을 기울였다. 집안일을 도맡아 하며 아기 바라지에 밤낮을 가리지 않았다. 딸이 의연히 일어서기를 바라는 어머니는 아우 눈길을 피해 숨죽인 눈물바람이 잦았다.

아우 아들이 초등학교에 입학한 해에 내게도 어려움이 닥쳤다. 육 학년인 둘째가 심한 복통으로 수술을 받게 되었다. 남편과 큰애는 익산 집에서, 두 살배기 늦둥이는 어머니 손에, 나는 둘째 수발로 한 계절 가까이 이산가족이 되었다. 그즈음 어머니는 협심증으로 조금만 운동을 해도 가슴 통증에 시달렸다. 그 와중에도 밤마다 보채는 아이 때문에 잠을 설치는 것은 예사요, 우리 집 식구들 밑반찬에 신경 쓰는가 하면 날마다 요깃거리를 장만하여 병원을 찾는 게 일상이 되었다. 예정보다 둘째 수술이 길어져 온 가족이 벼랑 끝에서 안절부절못할 때, 밤낮없이 우리 뒤에서 비손하며 지낸 날들이 또 얼마일까. 어머니가 안 계셨다면 어떻게 그 긴 터널을 빠져나왔을지 생각만 해도 아득하다.

누구나 삶의 굴곡을 피해 갈 수는 없나 보았다. 십여 년 후 창졸간에 쓰러진 형부 수술과 재활 치료로 언니는 한동안 정신 줄을 놓았다. 재기(再起)가 불투명한 현실 앞에 해가 뜨고 지는 것마저 서러웠다. 오른팔이 꺾인 사업장, 기약 없는 병상 생활과 아직도 학업 중인 두 조카. 신은 한쪽 문을 열어놓지 않고는 절대로 다른 쪽 문을 닫지 않는다던데 어느 한 곳도 희망의 끈을 잡을 데가 없어 보였다.

　어머니는 또다시 분연히 일어섰다. 삶의 의욕을 송두리째 잃은 자식 앞에 못할 일이 없었다. 이번에는 언니가 마음을 다잡을 수 있도록 디딤돌 되기를 주저하지 않았다. 언제 일어설지 모를 맏사위와 그로 인해 절망에 허우적거리는 큰딸이 안쓰러운 어머니 한쪽 가슴에는 생인손 하나가 덧붙었다.

　반평생 가까이 가슴앓이를 할 때마다 자식들이 십자가처럼 무거웠을 때가 어디 한두 번이었을까. 재가 될지언정 불길을 살리기 위해 불구덩이를 아랑곳하지 않는 부지깽이는 어머니 모습과 조금도 다를 게 없었다.

　불을 다 땐 어머니가 천천히 일어선다. 아궁이 주변을 쓸고 부지깽이를 한쪽에 세운다. 허리를 폈으나 굽어 낮아진 키는 몽당해진 부지깽이와 닮았다. 그동안 이고 져온 자식들 짐 때문인 것만 같다. 짐 중에 자식 짐이 가장 무겁다는 것을 어렴풋이 알아가는 나는 그 모습이 자못 숙연하다. 봉양을 받기에도 너무 기운 세월, 이제 자식들 십자가를 그만 졌으면….

　아궁이 속에서 점점 사위는 불씨가 소멸하여 가는 어머니 세월 같아 마음 한구석이 아리다.

연성에서 온 편지

　베란다 가득 한겨울 햇살이 내려앉는다. 은빛을 온몸으로 품은 난들의 수런거림이 청초한 오전이다. 카펫 속 사슴은 여전히 마주 보고, 바람을 잃은 풍경은 미동도 없어 사위가 고요하기 이를 데 없다. 요즘 내 마음처럼 정중동(靜中動)이다. 무심을 가장하고 사는 스스로에게 '나는 누구인가?' 질문을 던져본다. 누구의 무엇이 아닌 한 인간으로서 생각하니 딱히 적절한 대답이 떠오르지 않는다.
　큰애가 결혼하고 둘째도 집을 떠나 제 몫의 일을 하는 동안 늦둥이인 막내는 어느덧 고등학생이 되었다. 딸들이 중학생일 때는 도시락을 두 개씩 준비했었는데 격세지감이 느껴진다. 남편 입지는 갈수록 넓어지고 애정을 쏟던 막내마저 학교생활이 길어지자 빈 둥지가 허전했다.

슬그머니 일하고 싶은 생각이 고개를 들었다. 지명이란 나이가 아무래도 걸렸지만, 용기를 내어 적당한 곳에 이력서를 냈다. 세 남매를 이만큼 성장시키기까지 무던하게 기다려 온 것처럼 이 일도 기다림 연속의 다름 아니다. 강산이 세 번 가까이 변하도록 길들어 온 생활을 하루아침에 털고 일어나는 일은 쉽지 않았다. 매번 인내심에 한계를 느낄 즈음에서야 사회는 견고하게 벽을 쌓았다는 것을 실감했다.

청년 실업자가 흔하디흔한 마당에 이렇다 할 경력도 없는 내가 비집을 곳은 역시 여의치 않았다. 특히 나이 때문에 면접에서부터 외면당했는가 하면, 어쩌다 채용한 곳은 일할 수 있는 기회가 너무 적거나 예상외로 낮은 보수여서 내키지 않기도 했다. 능력과 상관없이 나이 때문에 제동부터 거는 편견은 내 존재를 무기력하게 만들었다. 변화와 모험을 두려워해서 한 길로 들어서면 쉽사리 다른 길을 넘보지 못하는 내가 이리 마음먹기까지는 적지않은 결심을 한 터였다.

그동안 놓쳐버린 시간이란 힘은 나를 왜소하게 만들고 자신감마저 잃게 하였다. 가계부 들여다보며 적금을 계산하고 아이들 성적에 힘쓰는 역할이 나의 본분이라 생각하며 살아왔는데 세상의 잣대는 잉여적인 존재라는 대접만 통보할 뿐이었다. 일찍이 사회로 뛰어든 친구들은 자신의 위치를 확고히 굳히고서 뒤늦게 허둥거리는 나를 여유롭게 바라보는 것 같았다. 그들이 겪었을 남모를 고통도 적지 않았을 텐데 그것까지 헤아릴 여유가 내겐 없었다. 냉정한 현실이 허망하여 집안일이 손에 잡히지 않았다. 만사가 덧없다는 허무감에 의욕을 잃고 말았다. 상심의 늪에서 헤어나지 못하는 가운데 날아온 뜻밖의 편지는 나를 울렁거리게 하고 말았다.

엄마,

제가 요즘 도현이랑 곧 태어날 몽실이 때문에 육아서를 밥 먹듯이 읽고 있어요. 육아의 기본은 첫째도 둘째도 엄마 사랑이더군요. 특히 세 살 때까지 엄마의 무한한 사랑과 헌신은 무엇에도 비할 수 없는 값진 것이란 걸 알게 되었어요. 출산 휴가를 받아 종일 집에 있어 보니까 육아는 정말 힘든 것 같아요. 음 자기 수양의 과정이랄까?

곰곰 생각해 보니까 모든 인간관계에서 내가 어떤 상황이든 주눅이 들지 않고 당당할 수 있고, 아무리 힘든 여건에도 긍정적으로 이겨낼 수 있는 건 내 안에 자아가 건강하게 발달해서 그런 것 같아요. 엄마가 여자로서 많은 걸 포기하고 오직 자식에게 헌신했기 때문에 제가 이렇게 건강한 인격체가 된 거라고 생각해요. 비로소 자식을 낳아 보니까 엄마라는 존재가 얼마나 위대한지 절실하게 와 닿아요. 엄마가 가끔 자아실현을 하지 못한 것에 대해 후회를 하곤 할 때 위로 아닌 위로로 '우리나라 교육의 미래를 짊어질 인재로 저를 이렇게 훌륭하게 키웠잖아요?' 하고 싶었어요.

어린 날 엄마가 만들어주던 푸딩이 종종 생각나요. 어설프게 만들어졌다면서 자신감 없이 내놓던 푸딩이었지만 달콤하기만 했어요. 저는 매 순간 그렇게 따뜻한 엄마 사랑을 먹고 이만큼 자란 것 같아요. 그 고마움을 이제야 알겠어요.

그리고, 저는 엄마가 어떤 일을 하는 것보다 글을 쓰는 사람이기에 자랑스러워요. 정신의 정기를 채우기 위해 항상 책을 가까이하는 모습을 보면 마음이 뿌듯해요. 일상 속의 진실을 결 곱게 무두질하여 마음을 따뜻하게 데우는 일은 결코 아무나 할 수 있는 능력이 아니잖아요. 엄마는 그런 힘을 지닌 작가가 되셨으니 얼마든지 당당하세요. 오랜 담금질 끝에 의식의 심층에서 길어 올리는 한 편의 글은, 어떤 일 이상으로 세상과 소통하는 엄마 격을 높여줄 것이라 저는 믿어요. 그러니 아무쪼록 엄마만의 세계를 향해 자부심을 갖고 날로, 날로 발전하길 빌게요. 엄마 사랑해요. 파이팅!

녀석은 아낌없는 격려로 용기를 북돋았다. 묵묵히 걸어왔던 삼십여 년이 무심히 흐르지만은 않은 것 같아 가슴에 아릿한 통증이 일었다. 이는 나를 돌아보고 다지게 하며 마음을 세차게 두드리는 울림이기도 했다. 잠시 나를 가두었던 열등감은 쓸데없는 자존심에 불과함을 새삼 깨달았다. 여러 해가 지나도록 변변한 글은 고사하고 척박한 마음 밭에서 이삭만 건져낸 양심이 자꾸 가슴을 후려쳤다. 무료하다고 생각했던 시간은 나를 가장 나답게 하는 은총의 시간일 수도 있음을 간과했다.

불현듯 '성공한 사람보다 행복한 사람이 아름답다.'는 어느 교수의 글이 생각난다. '내가 누구인가.'보다는 '어떻게 살아갈 것인가.'가 더 소중함을 체득한 날, 마음을 다잡아 세운다. 내 삶을 차분히 돌아보고 성숙시키는 글쓰기, 세상에서 어떤 일이 나를 이렇게 진지하게 몰입하도록 할 것인가.

베레모 | 용식이 | 동전 이십 원 | 연둣빛 계절 | 느티나무 | 기다림 3
누렁이 | 신작로(新作路) | 식탐 수난(食貪 受難) | 홍천강(洪川江)

4.
연둣빛 계절

어머니 걸음 좇아 방죽 골 밭으로 올라가는 오솔길 약수터는
나의 쉼터였다. 한 모금 옥수가 땀을 식혀 주던 곳이다. 그 옆으로
누워있는 다랑논들 물꼬마다 차려 놓은 백중 음식에 개구리들은
잔칫날을 맞았다.

베레모

 이른 봄부터 방과 후 행진연습에 전념했다. 실로폰·아코디언·하모니카 등 여러 악기로 구성된 초등학교 밴드부는 봄볕에 그을린 채 연습에 여념이 없었다. 우리 학교는 여러 해 전부터 군(郡)대회에서 우승했기에 학부모들까지도 자부심이 높았다. 군 소재지에서 대회가 열릴 때면 농사일까지 제치고 응원에 참여할 정도였다. 올해도 그 영광을 위해 한여름 뙤약볕도 아랑곳하지 않고 꾸준히 매진했다.
 소슬바람이 불던 날 드디어 학교로부터 밴드복과 베레모를 지급 받았다. 내일이면 정갈히 입고 출전할 생각에 하교하는 어스름 길이 전에 없이 들떴다. 너나없이 상기된 채 재잘거리며 동구 밖에 이를 무렵이었다. 아까부터 왠지 모르게 뭔가 허전하다 싶더니 어느 사이 모자가 사라지고 없었다.

순간 가슴속에서 커다란 돌덩이가 온몸을 치기 시작했다.

주저할 겨를도 없이 곧바로 돌아섰다. 이미 날은 어둑해져 밤색 베레모가 쉬이 눈에 띌 것 같지 않았다. 하필이면 달조차 구름 속을 들락거렸다. 늘 다니는 길이었지만 어둠이 잠식한 산길은 평소와 달리 낯선 얼굴로 나를 덮쳤다. 산길에 버티고 선 우람한 나무들이 오늘따라 험상궂은 얼굴로 위협했다. 두려움을 떨치려고 하모니카를 든 주먹을 불끈 쥔 채 걸음을 재촉했다. 한참을 가다 보니 까만 베레모가 눈에 들어왔다. 반가움에 달려가 덥석 집는 순간 물컹했다. 아뿔싸! 쇠똥이었다.

산골 기온은 갈수록 추웠다. 혼자라는 사실에 설움이 울컥했다. 보이고 들었던 것만큼만 세상을 알았으니 그 두려움은 말할 수 없이 컸다. 밤마다 아기 우는 소리가 난다는 아장사리 터를 지날 때는 속울음이 터질 것만 같았다. 게다가 멀리서 동물 울음소리까지 들려왔다. 산발한 처녀 귀신이 어둠 속에서 튀어나올 것만 같아 등줄기에 식은땀도 났다. 집으로 돌아가고 싶은 간절함과 베레모를 찾아야 한다는 절박함으로 마음이 몹시 산란했다.

할아버지 산소가 가까워지자 그나마 안도의 한숨이 나왔다. 산소 앞을 막 지날 때였다. 저만큼 윤곽이 모자 같은 게 어슴푸레 눈에 들어왔다. 이번에는 진짜일 거란 생각에 침을 천천히 삼키며 침착하게 다가가 집었으나 나무껍질이었다. 뒹구는 오동잎도, 둥글납작한 돌도 달빛 아래서는 하나같이 모자로 보였다. 특히 무르고, 말랑말랑하고, 깡마른 소의 배설물들은 영락없는 베레모여서 집었다 놓기를 수없이 반복했다. 몸에서는 역한 냄새가 코를 찔렀다. 그간 흘렸던 학우들 구슬땀이 나의 복장 불량으로 인해 수포로 돌아갈 것만 같았다.

희망이 사위어 갈 무렵 소재지 불빛이 희미하게 보였다. 목이 메었다. 어쩔 수 없어 일단 밴드부 선생님 하숙집으로 향했다. 어떻게 입을 떼야 할지 난감했다. 더듬거리는 나를 내려다보던 선생님은 오히려 내 등을 다독여 주었다.

그때 대문간에서 헛기침 소리가 났다. 뜻밖에도 아버지였다. 턱밑까지 차오르는 서러움과 반가움에 달려가 아버지 가슴에 얼굴을 묻었다. 천군만마를 얻은 듯 가슴 속에서 뜨거운 것이 복받쳐 올라왔다. 어둠 속에서 타들어 갔던 가슴이 한순간에 녹아내리고 있었다. 풀물로 얼룩진 상의와 동동 걷어 올린 바지 차림의 아버지에게서도 쇠똥냄새가 진동했다. 들녘에서 늦게 돌아온 아버지는 필시 내가 걱정되어 수소문 끝에 달려왔으리라. 선생님은 염려 말고 돌아가시라 했지만,

아버지는 어느새 학교 쪽으로 걸음을 서둘렀다.

저 멀리 학교 입구 느티나무가 눈에 들어오는데도 모자는 보이지 않았다. 서서히 포기해야 하는 시점이 다가오고 있었다. 그때 교문 앞에 다다랐던 아버지 걸음이 갑자기 빨라졌다.

"요놈이 우리 딸을 울렸구나!"

교문 옆에 천연덕스럽게 똬리를 틀고 앉아 있는 베레모는 누가 봐도 틀림없는 쇠똥 같았다.

아버지 손을 잡고 돌아오는 길은 밤바람이 청량했다. 발뒤꿈치가 절로 사뿐거렸다. 밤이슬에 젖은 어깨 위로 머리카락도 나풀거렸다. 마음이 가뿐해지자 어느 사이 하모니카에서는 연주곡 중 가장 좋아하는 <꿈속의 고향>이 흘렀다. '옥 같은 시냇물 개천을 넘어, 반딧불 좇아서 즐기었건만….' 밤이 깊어갈수록 하모니카 연주는 아버지와 나의 가슴에 잔잔한 파도를 일으키며 고요 속으로 울려 퍼졌다.

용식이

 버스에서 내려 외가로 가는 논길에서는 더운 김을 훅훅 뿜었다. 외할아버지 손을 잡고 도착한 집에는 외할머니, 이모, 사랑채 머슴 박씨, 그리고 낯선 사내아이 하나. 반갑게 맞이하는 식구들과 달리 그 아이는 멀뚱히 나를 바라보고 서 있었다.
 "용식이 심심한데 마침 잘 되었다, 둘이 사이좋게 지내거라."
 용식이는 이 년 전에 이곳에서 서울로 이사 간 외갓집 친척이라 했다. 나와는 촌수가 어떻게 되는지 모르지만 나보다 한 살 위인 오 학년이었다. 키가 큰 편이며 보얀 피부에다 말쑥하기까지 했다.
 일본산이라는 덩치 큰 수탉은 새 식구가 된 나만 보면 깃

털을 세우고 달려들어 쪼았다. 그럴 때마다 용식이는 막대기를 들고 뛰어와 수탉을 혼내주었다. 그런 용식이가 점점 편해지기 시작했다.

어느 날 외할머니가 복골 밭에 갈 채비를 했다. 우리는 따라가다 냇가에서 가재를 잡기로 했다. 벌레를 유독 무서워하는 나는 행여 있을지도 모르는 거머리 때문에 조바심을 누르며 물속으로 들어섰다. 용식이는 준비해온 그릇마다 된장을 조금씩 담았다. 그런 다음 능숙한 손놀림으로 천을 씌워 가운데 구멍을 뚫은 뒤 물에 담갔다. 어설프지만 나도 천천히 따라 했다. 그때 발목이 간지러워 무심코 내려다보는 순간 거무스레한 것이 붙어 있는 게 아닌가. 소스라치게 놀라 들고 있던 용기를 던지며 소리를 질렀다. 실금 같은 다리가 양쪽으로 여러 개 달린 벌레였다. 급히 뛰어와 태연하게 벌레를 떼어주는 용식이가 참으로 믿음직스러웠다.

나는 다시는 물속에 들어가지 못하고 바위에 앉아 바라만 보았다. 된장 냄새를 맡고 기어 나온 가재를 낚아챌 때마다 그 애는 자랑하듯 내게 들어 보였다. 시냇물 소리 사이로 간간이 송아지 찾는 어미 소와 엿장수 가위 소리도 지나갔다. 콧등에 땀이 송골송골 맺히고 얼굴이 발갛게 익어갈 무렵 윗마을 성당에서 종소리가 들려왔다. 가재 바구니는 제법 묵직했다.

 용식이 뒤를 따라 대문에 들어서자 수탉은 심심했다는 듯 나에게 달려들었다. 나는 용식이 뒤에 바짝 붙어 안채로 들어섰다. 이모에게 바구니를 넘겨준 용식이는 뒤따라 온 친구와 다시 밖으로 나갔다. 벌겋게 익은 내 얼굴을 본 이모는 등목을 해주겠다며 나를 데리고 우물가로 갔다. 무성한 포도 넝쿨 그늘이 적당히 어두웠다. 등에 소름이 돋을 정도로 차가운 물이 몇 차례 쏟아지는데 방금 나간 용식이가 돌연 대문간에 들어서는 게 아닌가. 나는 얼떨결에 부엌으로 뛰어들었다.

 외할머니와 저녁상을 마주한 나는 외할아버지와 겸상한 용식이와 눈이 마주치지 않으려고 애를 썼다.

 "우리 손주들이 잡은 가재가 참 맛있다."

 외할아버지가 거듭 칭찬했다. 그 순간 나도 모르게 힐끗 용식이를 바라보다가 그만 눈길이 마주쳐 허둥댔다. 그때 이모는 엷은 미소를 짓고 있었다.

 나는 얼른 밖으로 나왔다. 겨우 가신 얼굴이 또 달아오르기 시작했다. 하루살이 떼는 속도 모르고 달려들었다. 서녘 하늘의 샛별이 나를 보고 빙그레 웃는 것 같았다. 그날 따라 더위는 밤이 이슥하도록 식을 줄을 몰랐다.

방학이 끝나갈 무렵 용식이는 떠날 채비를 서둘렀다. 서울로 돌아가는 논배미 길에는 어느새 나락 모가지가 고개를 내밀고 있었다. 정류장에 다다랐을 때 용식이는 살며시 내 손을 잡았다. 겸연쩍음도 잠시, 신작로를 달려온 버스가 부끄러움을 감추기라도 하듯 부연 먼지를 일으키며 긴 모퉁이를 돌아나갔다.

나도 개학 일에 맞추어 외가에서 떠나왔다.

그 후 여름이 마흔 번도 넘게 지났다. 도시 생활이란 아이에게나 어른에게나 다람쥐 쳇바퀴 돌듯 늘 건조하고 팍팍하다. 그것이 자연스러운 일상이 되어 때로는 사람의 정서를 마르게 하지만, 그래도 내게 한 줌 여유가 있다면 잊혀가는 어린 날 향수이다. 이제는 가재도 외가도 사라졌지만 지금도 가끔 그 시절이 결 고운 무늬로 떠오른다. 오수에 졸던 어미 소 등 너머로 성당의 종소리가 은은하게 들려오던 정경을 용식이는 기억할는지 모르겠다. 어디선가 지명(知命)의 문턱을 넘어섰을 모습이 자못 궁금하다.

동전 이십 원

　엘리베이터 바닥에 십 원짜리 동전 두 개가 떨어져 있다. 때 묻은 동전을 초등학교 아이들도 줍질 않는다. 사십여 년 전 나에겐 어딘지 눈물이 느껴지던 돈이었다. 이십 원을 아끼기 위해 이십 리를 걸어 다녔던 시절이 이 순간 무색했다.

　내가 중학교에 입학하면서 어머니는 새벽밥을 짓기 시작했다. 우리가 사는 곳은 깊은 산골이어서 한 시간 하고도 삼십 분을 걸어가야 학교에 도착할 수 있었다. 어머니는 밥할 시간을 가늠하기가 어려워 새벽마다 잠을 설쳤다.

　스무 해가 되어가도 금값은 제자리라며 어머니는 어느 장날 결혼반지를 팔아 괘종시계를 사왔다. 어린아이 주먹만 한 추가 달린 괘종시계는 재산 일호라도 되는 양 번쩍거리며 안방 벽에 걸렸다. 철없는 나는 정시마다 뎅뎅 울리는 시계가 자랑스러웠다.

　왕복 차비 사십 원의 위력은 열네 살 소녀 다리품을 하루 세 시간씩 팔기에 충분했다. 그렇다고 버스가 없었던 것은 아니었다. 버스는 부잣집 아이들이나 탔다. 이른 새벽 하얀 자갈이 깔린 신작로에는 검은색 교복을 입은 학생들로 군데군데 물결을 이루었다. 조금만 늦게 일어나면 그 시간만큼 헐레벌떡 뛰어야 했다.

　어느 날 준비물 관계로 어머니에게 돈을 타야 했다. 엊그제도 난감한 일이 있었는데 그날도 지갑은 빈 날이었나 보았다. 내일은 안 되겠느냐는 어머니와 줄다리기를 벌이는 사이, 새벽은 아침으로 흘러 걸어갈 시간을 탕진하고 말았다. 준비물은 고사하고 다급해진 마음에 어머니와 아버지는 차비를 빌리러 또 어디론가 뛰어나갔다. 갈 길은 바쁜데 마냥 기다리고 있자니 속이 탔다. 한참이 지나 먼저 돌아온 어머니 돈을 받자마자 늦어진 등교를 서둘렀다.

　벌써 해는 제법 떠올라 마을 사람들은 소를 앞장세워 일터로 나가고 있었다. 제시간에 타야 할 버스는 이미 놓쳐버렸으니 지각은 보나마나였다. 다음 버스를 타기 위해 등으로 내리쬐는 햇살을 받으며 터벅터벅 걷는데 나도 모르게 눈물이 고였다. '왜 이렇게 학교 다니기가 어려운가? 우리도 방

동전 이십 원 173

앗간 집처럼 부자면 얼마나 좋을까?' 설움이 복받치자 그렁그렁했던 눈물이 그예 선을 그렸다. 어차피 등굣길에는 나 혼자밖에 없었으니 차오르는 눈물을 꾸역꾸역 토해냈다. 부모님께서 나 때문에 사흘이 멀다 하고 돈을 마련하러 다니는 모습이 못내 걸렸다. 버스가 오려면 한참 기다려야 했다. 퉁퉁 부은 얼굴을 조금이라도 가라앉히려 다리 아래 냇가에 내려가 세수를 하고 또 했다.

다시 올라오는데 저 멀리 내가 걸어왔던 길로 뛰어 오는 사람이 있었다. 어렴풋한 실루엣이 아무래도 아버지 같아 보이는 게 아닌가. 순간 가까스로 진정됐던 눈물이 다시 솟구쳐 올랐다. 어머니가 마련해 줬는데 그런 줄도 모르는 아버지는 아버지대로 딸의 학교가 늦을까 봐 저리 숨차게 달려오고 계셨다. 그 모습이 내 가슴을 아프게 찔렀다.

"차비 받았어요오오"

두 손 모아 아무리 소리쳐도 멀어서 들리지 않나 보았다. 아버지는 이미 굴곡진 길로 들어가서 다시 보이려면 한참 기다려야 했다. '아버지 그만 돌아서 가시라고요, 아버지….' 크게 외치려 했던 마음은 이미 메어버린 목 때문에 소리가 밖으로 튀어나오지 못하고 오열만 끓어올랐다. 가뜩이나 힘든 살림에 나를 가르치려고 안간힘을 쓰는 마음을 생각하니 가슴이 미어졌다. 마냥 기다릴 수만 없던 나는 주섬주섬 눈물을 훔치며 아버지 쪽으로 뛰어갔다. 급하게 달려오느라 가쁜 숨을 몰아쉬는 작은 체구의 아버지 모습에서 시린 햇살 같은 애잔함이 묻어났다. 엄마가 주셨다고 해도 극구 내 손에 쥐어주던 몇 닢 따뜻한 지전.

"핵교가 늦어서 어쩔거나. 어여 가거라."

몇 차례 등을 두드리다 숨을 고르며 돌아서 가는 아버지 낮은 어깨 위로 힘겹고 고달픈 삶이 기우뚱거렸다. 아버지는 충혈된 내 눈이 자꾸만 걸리는지 가다 말고 몇 번이나 돌아다보았다. 나는 숨을 죽이며 애써 목 울음을 삼켰다.

그때 저 멀리 소재지 쪽에서 버스가 먼지를 자기 몸체만큼 일으키며 달려왔다. 나는 한 손엔 아버지 마음을, 다른 손엔 차비 이십 원을 꼭 쥔 채 다가갔다.

그때 손바닥에 자국이 선명하게 남았던 이 붉은 동전을 나는 가벼이 지나칠 수가 없다. 남루한 살림에도 딸 때문에 종종 달려오시던 모습이 정지된 풍경으로 남아 가슴을 울렁거리게 한다. 어쩌다 고향에 갈 때 그 다리 위를 지나면 지금도 명치 끝이 아리다. 진정 잃고 사는 게 무엇인지 나 자신부터 돌아본다.

연둣빛 계절

 어머니 걸음 좇아 방죽 골 밭으로 올라가는 오솔길 약수터는 나의 쉼터였다. 한 모금 옥수가 땀을 식혀 주던 곳이다. 그 옆으로 누워있는 다랑논들 물꼬마다 차려 놓은 백중 음식에 개구리들은 잔칫날을 맞았다.
 뾰족뾰족 고개를 내미는 나락 모가지에 농심이 여무는 날, 어머니를 따라 방죽 골 밭에 갔다. 아담한 방죽 가장자리를 빙 둘러 보랏빛 붓꽃들이 청초했다. 방죽 물이 무서워 한 송이도 꺾지 못한 나는 애매한 옥수수만 줄기차게 꺾었다. 그러다 무심코 돌아본 우리 동네가 엄지손톱만 했다. 산꼭대기에 걸려있는 낮달이 한낮 더위에 졸고 있는 사이, 바지런한 어머니는 삽시간에 옥수수를 광주리에 채웠다. 머리 위 옥수수가 광주리 밖으로 간들거리는데도 어머니는 두 손을 놓은 채 태연히 걸었다. 나는 어머니 쪽머리를 놓칠세라 종종거리지만 얼마 가지 못해 숨이 찼다.

노을이 멀어지는 등 뒤로 따라온 하루살이를 쫓다 보니 어느새 동네에서는 저녁연기가 한창이다. 귀로의 고달픈 등을 어루만지는 바람과 함께 고삐 풀린 황소도 어슬렁어슬렁 집을 찾아들었다.

풀벌레가 수런대기 시작하자 아버지는 마른 쑥으로 모깃불을 지폈다. 마당을 맴도는 매캐한 연기에 나는 그예 눈물이 났다. 긴 꼬리를 물고 오르는 연기를 무심코 따라가다 문득 멈춘 초가지붕에 박꽃이 앞을 다투어 피고 있다. 밤의 정적 때문일까. 달밤에 피어서 더욱 빛이 하얀 박꽃이 신비스런 감성으로 젖어왔다.

그즈음 어머니가 초저녁에 매어준 손가락이 자꾸 아렸다. 봉숭아꽃 반죽을 손톱 위에 얹어줄 때까지만 해도 이렇게 아릴 줄 몰랐다. 아주까리 잎을 돌돌 말아서 무명실로 싸맨 열 손가락이 서로 경쟁이라도 하듯 욱신거렸다. 어머니는 아파도 하룻밤은 참아야 한다고 몇 번이고 일렀다. 밤새 견뎌야 선홍색으로 손톱이 옷을 갈아입는다 하니 참아야 할 것 같았다.

멍석에 누운 우리가 은하수 전설로 빠져들 때쯤 어머니는

연둣빛 계절 177

어느 사이 김이 오르는 옥수수 소쿠리를 들고 나왔다. '노랑, 하양, 보라, 어쩜 이리도 결이 가지런할까?' 어머니 잇속처럼 총총히 여문 옥수수를 뜯는 사이, 길을 잘못 든 반딧불이 사립문을 밀고 들어왔다. 깜빡이는 반딧불 너머로 때마침 별똥별이 떨어지고 있었다. 그 순간을 놓칠세라 야무진 소원을 빌었다. 우리 머리엔 어느새 밤이슬이 촉촉했다.

여우비가 지나간 들머리에 무지개가 선연하던 말거리 재, 그 너머 파랑새를 찾던 꿈이 마냥 머무르던 곳. 생각할수록 아버지 푸나무 짐 위에 꽂혀있던 앵두만큼 새콤달콤했던 시절이었다. 가재 잡던 동무들도 어느 도시의 중년이 되어 가끔은 박꽃 피던 시절을 그리워하겠지. 산들바람 사이로 언뜻언뜻 떠오르는 상고머리는 이제 희어지기가 바쁘겠다.

문득 어머니 모습이 그리움으로 다가온다. 내 가슴에는 아직도 그 시절 어머니 곱던 모습이 생생하다. 인생사 잠깐이니 두루두루 빈 마음으로 살라고 하시던 말씀 또한 또렷하다. 그러나 나이 들수록 질겨지는 욕망의 끈에 매달려 동동거리며 살아가는 내 모습에 놀라곤 한다. 그 시절 어머니 나이쯤 되면 마냥 좋을 줄만 알았는데 그 나이를 지나친 지금도 노상 복닥거리고 산다.

바래지고, 세어지고, 무디어져 마음이 허허로울 때면 연둣빛 싱그럽던 시절, 밤하늘 별만큼 꿈이 많던 그 시절이 손에 잡힐 듯 다가와 눈앞에 선다.

느티나무

 아버지 산소에 애벌초 하러 가는 길, 마을 가운데 느티나무 아래 차를 세운다. 속속 새집으로 단장한 고향은 옛 모습이 사라져 생경하다. 얼굴을 알 듯 말 듯한 노인이 보일 뿐 사위가 고요하기 짝이 없다. 수령이 오래된 느티나무만 연초록 손을 흔들며 반갑게 맞이한다. 장정 여남은 명이 안아야 닿을 듯한 아름드리는 여전히 우람하다. 몇백 년을 한결같이 동네를 지키고 있는 녀석이 고행승려 못지않게 장해 보인다.
 아이들의 발걸음 소리가 들린다. 고무줄놀이, 땅따먹기, 공기놀이…. 어미 닭의 품속을 드나드는 병아리들처럼 노상 느티나무 아래로 모여들었다. 넉넉한 그늘은 우리를 품고도 남았다. 한없이 넓은 품새는 종다리와 까치들의 터전이기도 했다. 하늘과 땅 위에서 해종일 놀다 보면 저녁 먹으라는 어머니 부름에 마지못해 발걸음을 뗐다.

　보리쌀 두 됫박 자루에 담아 과수원에 갔던 언니를 기다렸던 곳도 느티나무다. 엄마 젖 먹이려 동생을 업고 밭에 가는 것도 잊은 채 이제나저제나 언니를 기다렸다. 점심때가 지나 잠들었던 아기가 깨어 또다시 잠들어도 언니 일행은 고갯마루에 보이지 않았다. 시옷골 복숭아밭은 도대체 얼마나 멀기에 이리 오래 걸리는지 모를 일이었다. 내 속도 모르고 새들은 온종일 재잘대고 참매미는 돌림노래를 따갑게 불러댔다.

　저녁때가 되자 이윽고 언니가 사립문에 들어섰다. 한 자루 가득했던 복숭아가 너무 무거워서 먹고, 먼 길에 다리도 아프고 배가 고파 쉴 때마다 먹었다고 했다. 정작 동네에 도착하니 순덕 언니는 일곱 개, 남숙 언니는 아홉 개, 복순 언니는 고작 다섯 개만 남았더라고 그래도 속 깊은 우리 언니는 스무 개 남짓 남겨 와서 뿌듯했다. 그날 느티나무는 내게 수더분하게 기다리는 인내심이 무엇인지 알려주었다.

　중학생이 된 후 비가 오면 더는 비료부대를 둘러쓰고 등교하기가 싫었다. 초등학생과 중학생은 내게 대단한 차이였다. 동생도 창피하긴 매한가진데 사춘기가 무슨 유세라고 하나밖에 없는 우산을 고집했다. 버스 정류장까지만 필요한 나에 비해, 먼 거리인 동생에게 비료부대를 두르게 하기가 편치 않았다. 결국, 느티나무 아래에서 발길이 머물고 말았다. '뛰어가서 양보할까?' 걸리는 양심은 갈등하는데 저만치 교복을 입은 우산 부대가 오고 있었다. 그 속에 비료부대를 쓰고 낄 용기가 없던 나는 발길을 돌리고 말았다. 아우에게 못내 미안했던 마음을 느티나무는 알고 있으리라.

사람들이 전쟁의 폭음에 시달렸을 때 느티나무도 시련을 겪었다. 사방으로 곧게 뻗은 날개 한쪽을 그만 폭격에 잃고 말았다. 느티나무는 의연히 가지를 늘려나갔지만 흉터까지 지울 수는 없었다. 여름이 되면 꼭대기에 알을 낳는 새들에게는 그 흔적이 두려웠다. 악동들이 틈만 나면 그곳을 딛고 올라와 알에 손을 댔기 때문이다. 그러다 뜻밖에 발견된 수류탄은 온 동네를 발칵 뒤집어 놓았다. 호기심 많은 악동들이 함부로 만졌더라면 얼마나 아찔했을까. 아물지 않은 전쟁의 잔재는 참으로 아뜩했다. 느티나무는 어느덧 우리와 생사고락을 함께하고 있었다.

녀석은 안타까운 기억도 함께 품고 있다. 여름 나절 아버지들은 점심 후 들녘으로 나가기 전에 느티나무 그늘에서 한숨씩 잤다. 산들바람과 매미의 노래를 자장가 삼아 눈을 붙이면 고달픈 삼복더위를 잠시나마 잊을 수 있었다. 하지만 그날도 아버지는 논밭을 갈라놓는 폭염 때문에 쉬지 못했다. 하루가 다르게 타들어 가는 논에 한시바삐 물을 대야 했기 때문이다. 밭의 관정에서 물을 끌어올 요량으로 호스가 지나갈 도로에 홈을 파다 그만 혼절하고 말았다.

동네 사람이 아무리 일찍 일어나도 아버지는 이미 들녘을 다녀온 뒤였다고 말할 정도로 부지런하셨던 분. 그날 느티나무가 조금만 쉬었다 가라고 아버지 옷자락을 붙들었더라면…. 그랬다면 아버지를 그렇게 허망하게 보내드리진 않았으리라.

갑자기 누렁이가 짖는다. 그 소리가 나를 흔들어 깨운다. 시선이 멈춘 곳에 아들 느티나무가 서 있다. 늦둥이가 우리 키를 훌쩍 넘은 것처럼 냇가로 뻗은 뿌리에서 자란 새끼가 어느새 어미 키를 굽어보고 있다. 무구했던 유년으로부터 상당한 시간이 흐르는 동안 나는 각박한 세상 속에 많은 것을 잃었다. 새삼 세월의 무상함을 느낀다.

아무리 나이를 먹었어도 소소한 일들을 느티나무는 기억하고 있으리라. 비록 남루한 기억일지라도 옹기그릇처럼 질박한 풍경이 살아 숨 쉰다. 모두 도시로 떠나 이젠 알 꺼내는 악동도 없고 공기 소리마저 들리지 않지만 오래된 수묵화처럼 그윽한 정취로 남아있다.

매사 진득하니 화를 다스리지 못하는 내게 대인의 풍모로 서 있는 느티나무가 당부하는 것 같다. 연륜이 깊어질수록 많은 것을 품어내라고 보기 싫은 것은 안 본 척 가라앉히고 들어서 아픈 말은 한쪽으로 접어 도닥도닥 무던한 눈으로 세상을 대하면 무릇 아름답지 않은 것이 없다 이른다.

뻐꾸기가 어서 가라 채근한다. 아버지 산소는 아무래도 잡초가 밀밭 같겠다.

기다림 3

외가는 머슴을 둘 정도로 형편이 넉넉했다. 어쩌다 외가에 가면 어린애는 나 혼자였으므로 할머니 할아버지와 이모 사랑까지 독차지했다. 이를 아는 우리 세 자매는 방학만 되면 쟁탈전을 벌였다. 어머니는 외할머니 노고를 생각해 꼭 한 사람만 보냈다. 그해 겨울방학에는 용케 나에게 기회가 왔다.
 어느 날, 외할머니와 이모가 급히 서울에 가게 되었다. 할머니가 꼬박꼬박 챙겨주던 과일이 떨어지자 나는 슬그머니 광 속 고욤이 생각났다. 숟가락을 들고 열린 광에 들어가 단지 속 고욤을 떠먹기 시작했다. 고욤 크기나 씨 크기나 비슷해 입안에서 골라내는 게 성가셨지만 감칠맛은 그만이었다. 알맞게 우러나온 진국은 살얼음까지 끼어 아삭아삭 씹히는 소리마저 경쾌했다. 옆에는 감 항아리도 두 개나 있었다.

한참 정신이 팔려 있는데 갑자기 광문이 닫히더니 덜커덕 열쇠까지 채워졌다. '내가 어쩌나 보려고 할아버지가 일부러 잠근 거야.' 할아버지는 뒷짐을 진 채 태연히 안채로 걸어가 마루에 걸터앉았다. 나는 키득거리며 할아버지를 광 문틈 사이로 빼꼼히 내다보았다. 할아버지는 잠시 후 방에 들어가더니 도포 차림으로 나왔다. 뒤란으로, 건넌 채로 몇 차례 왕복하다가 다시 마루에 앉았다. 얼마 후 광 옆을 지나 대문 쪽으로 갔다. 변소에 가는 것 같았다. 시침 떼느라 이쪽에 눈길도 한 번 안 주고 지나쳤다.

그런데 변소에 간 할아버지는 아무리 기다려도 돌아오지 않았다. 몸이 점점 추웠다. 설상가상으로 소변까지 마려웠다. 이모나 외할머니라도 있었으면 좋으련만 캄캄하고 추운 광에 갇혀 있으려니 불현듯 두려움이 몰려왔다. 소변을 참는 것도 한계가 온 나는 급기야 광문을 두드리며 울음보를 터뜨렸다.

갑자기 나는 요란한 소리에 반사적으로 마루 밑 누렁이가 달려와 짖기 시작했다. 눈을 동그랗게 뜨고 고개를 갸웃거리던 일본산이라는 수탉도 깃털을 세우더니 쏠 듯이 달려들었다. 할아버지가 계실 때는 멀뚱멀뚱하던 놈들이 갑자기 나를 언제 봤느냐는 듯 공격하고 나서자 무서움이 앞섰다. 꼼짝없이 갇힌 채 얼굴을 바꾼 놈들에게 몰리자 서러운 나머지 어깨가 더욱 들썩거렸다.

이쯤 되면 할아버지가 금세 달려올 텐데 아무래도 먼 길을 가려고 문단속을 한 것이란 생각이 그제야 들었다. 불안감이 증폭되자 울음소리가 더 커졌다. 이 요란한 소리를 듣고 이웃에서라도 달려와 주기를 기다리는 안타까움과 어떻게 해서라도 소변을 참아보려는 마음이 잉걸불처럼 타들어 갔다. 제 발로 자유롭게 걸어 다니는 녀석들이 부럽기만 했다. 그래도 할아버지는 어디선가 금방이라도 나타나 달려올 것 같은 생각이 간절했다. 다리를 비꼬며 안간힘으로 버티던 소변은 저 홀로 찔끔거리다 그만 걷잡을 수 없이 쏟아지고 말았다. 급한 불은 꺼졌으나 축축해진 옷이 아까보다 매서운 추위를 불러왔다. 종국에는 울음마저 지친 채 부딪치는 어금니 사이로 마른 계면조만 흘러나왔다.

해가 뉘엿뉘엿해질 무렵에서야 할아버지가 돌아오셨다. 깜짝 놀라며 광문을 열어주는 표정이 하얗다. 잔칫집에 데려가려고 여기저기 찾는데 발품을 팔다 늦어져 갔서 옴서 했다는 할아버지 손에는 떡 봉지가 들려 있었다.

낮 동안의 공포는 할아버지 따스한 등에서 봄 눈 녹듯 녹아내렸다. 뒤로 돌려 감은 손바닥으로 토닥토닥 엉덩이를 두

드려 주셨던 여운은 시공을 초월하여 아직도 따스하다. 덧없는 세월은 외가도 할아버지도 내게서 앗아가 버렸지만, 흑백 사진 속 풍경 한 자락은 가슴에 오롯하다.

누렁이

　이번 반상회도 출석률이 낮았다. 안건은 정족수를 채우지 못해 기약도 없이 미루어졌다. 회의를 마치고 나오는데 줄곧 내 옆에 있던 이집 애완견이 뒤를 따른다. 엘리베이터에서 만날 때마다 쓰다듬어 주었더니 친근해진 모양이다. 주인 부름에 녀석은 멍하니 나를 보고 서 있다. 별스레 정이 들었나 보다고 여기며 돌아서는데 오랜 세월 저편의 서글픈 눈망울이 겹쳐온다.
　열 살 무렵이었다. 어미돼지가 열두 마리 새끼를 낳자마자 숨을 거두었다. 비슷한 시기에 누렁이도 새끼를 낳았다. 우리 집 마당은 병아리와 더불어 어린 녀석들 천지였다. 어미 젖도 못 먹어 불쌍하다며 어머니는 분유를 사 나르기 시작했다. 새끼돼지들은 모정도 모른 채, 분유만 타주면 서로 먹으려 다투며 하루가 다르게 자랐다.

　달포쯤 지나자 마당으로 들어서는 어머니 열쇠 소리가 들 릴라치면 기다렸다는 듯 뛰어나와 꿀꿀거리며 따랐다. 녀석 들은 점점 말썽꾸러기로 변했다. 토방에 놓인 신발이나 줄에 서 떨어진 빨래를 물고 당기며 뒹굴어 금세 걸레쪽을 만들 어 놓았다.

　두어 달쯤 지난 장날, 무녀리 한 마리를 남겨 놓은 채 새 끼돼지들은 경운기에 실려 나갔다. 하루아침에 외톨이가 된 무녀리는 텅 빈 우리 한 귀퉁이에 웅크리고 있었다. 온 마당 을 들쑤시며 쏘다니던 녀석들이 사라지자 갑자기 집안이 조 용해졌다.

　이즈음 누렁이도 새끼들과 이별하고 외톨이가 되었다. 누 렁이는 그날부터 앓기 시작했다. 밥을 주어도 먹는 둥 마는 둥 나날이 야위어 갔다. 갈비뼈가 앙상히 드러난 채 밤마다 애처롭게 울었다. 잠자리에 누울 때마다 가엾은 절규가 못내 걸려 우리도 쉬 잠들지 못했다.

　우리 식구들이 아래뜸 큰집에 저녁 식사를 하러 간 날이 었다. 누렁이가 일어나기도 버거운 몸으로 따라나섰다. 뜬금 없이 무녀리도 뒤를 따랐다. 저러다가 되돌아가려니 했는데 뜻밖에도 끝까지 따라왔다. 저녁 식사를 마친 우리가 큰집을 나서자 토방에서 기다리고 있던 누렁이가 반사적으로 일어섰다. 기다렸다는 듯이 무녀리도 누렁이 뒤를 따랐다. 당연한 양 누렁이와 동반하는 무녀리가 대견스럽기도 하고 신통하기도 하여 우리는 마주 보고 웃었다.

그날 이후 무녀리는 자연스레 누렁이를 어머니처럼 따랐다. 누렁이도 편하게 무녀리를 받아들였다. 무녀리는 오래전부터 그래 왔던 것처럼 누렁이 배에 기대어 낮잠도 잤다. 둘은 자연스럽게 한데 어울려 뒹구는 사이가 되었다.

그럴 무렵 무녀리가 사라졌다. 걱정이 앞섰다. 녀석이 혼자 나들이를 하는 것은 무리였기 때문이었다. 집 주위 있을 만한 곳을 다 찾아 헤매다가 누렁이를 앞세워 큰집으로 갔다. 와자하게 들어서는 소리에 가마솥 아궁이 앞에서 자고 있던 녀석이 부스스 일어났다. 녀석은 누렁이를 보자 와락 달려들었다. 우리는 아무 말 없이 그 광경을 바라보았다. 이후부터 무녀리가 보이지 않는 날은 누렁이를 앞세워 큰집으로 가야만 데려올 수 있었다.

어느 장 날 무녀리는 누렁이 품에서 떨어지지 않으려 안간힘을 쓰다가 경운기를 탔다. 요란한 경운기에 실려 사립문 밖으로 떠나는 무녀리를 누렁이는 오래도록 지켜보고 있었다.

누렁이는 다시 밥을 먹지 않았다. 사립문 밖에 시선을 둔 채 온종일 마루 밑에 들어앉아 있었다. 가족들과 시선을 마주치는 것조차 피했다. 마루 밑에서 들려오는 신음에 우리는 또다시 밤이 이슥하도록 불을 끄지 못했다.

엘리베이터 도착 신호음에 깜짝 회상에서 깨어난다. 사람들과 눈인사를 나누고 내린다. 서로 무엇이 그리 바쁜지 마음의 문이 닫혀 시종 사무적이다. 가슴 한 구석이 허전하다. 담 넘어 부침개 접시가 오고가던 풍경이 퇴색한 사진처럼 아련하다. 무녀리가 실려 나간 사립문 밖을 망연히 바라보던 천심의 눈동자가, 그리고 그 가슴 저미는 애끓음이 그리워지는 오늘이다.

누렁이는 다시 밥을 먹지 않았다. 사립문 밖에 시선을 둔 채 온종일 마루 밑에 들어앉아 있었다. 가족들과 시선을 마주치는 것조차 피했다. 마루 밑에서 들려오는 신음에 우리는 또다시 밤이 이슥하도록 불을 끄지 못했다.

신작로(新作路)

　자동차는 반드러운 길을 미끄러지듯 달린다. 말쑥하게 단장한 중학교 앞을 지나자 사과밭이 이내 다가온다. 요 몇 년 사이 고랭지 사과로 유명해진 고향임을 실감한다. 야트막한 언덕마다 사과나무 일색이더니 이내 들녘을 가로지른다. 올망졸망하던 다랑논들이 두부 모처럼 반듯반듯 정리되어 있다. 그 길에 까만 플레어스커트에 단발머리 깡총하던 내가 보인다.

　집에서 중학교까지 이십 리. 자동차로 고작 십오 분 거리를 무려 한 시간 반이나 자갈길을 걸어 학교에 갔다. 그 길을 우리는 신작로라 불렀다. 어머니는 내가 중학생이 되면서 새벽밥을 짓기 시작했다. 이십 리 밖 중학교 등교 시간에 맞추려면 새벽밥을 피할 수 없었다.

산골 마을의 신작로는 언제나 새벽바람을 가르는 발걸음 소리로 시작되었다. 크고 작은 자갈들이 발부리에 차이는 신작로엔 까만 교복을 입은 학생들이 삼삼오오 걸었다. 발걸음을 뗄 때마다 희부연 먼지가 풀썩풀썩 일었다. 여명에 묻어오는 바람을 안고 걷는 갓길 이슬은 운동화는 물론이요, 양말까지 젖기가 예사였다. 거기에다 먼지까지 함빡 뒤집어쓰니 운동화엔 누런 흙먼지가 덕지덕지 붙었다. 우리 지역과 경계인 집재를 넘으면 학교가 보이는 면 소재지가 아스라이 푸른 안개 속에 잠겨 있었다.

새벽에 조금만 늦게 일어나면 등굣길 대열에서 낙오되기 십상이었다. 이런 날은 고샅에서부터 달음박질쳤다. 등에 멘 가방도 덩달아 좌우로 널뛰기했다. 도시락과 잉크와 책이 한데 뒤섞여 널뛰기한 날은 온 가방이 잉크를 뒤집어썼다. 사흘이 멀다 하고 뛰다 보니 간당간당하던 멜빵이 떨어진 날도 여러 번. 이럴 때면 울퉁불퉁한 신작로가 발부리를 괴롭히고 비탈진 언덕길이 숨통을 죄어왔다. 오르막과 내리막을 번갈아가며 굽이굽이 꼬부라진 신작로는 그 길이 그 길 같아 참으로 멀었다.

그때에도 버스가 아주 없었던 것은 아니었다. 왕복 차비 사십 원 때문에 세 시간 가까이 다리품을 파는 일은, 형편이 어려워 진학조차 못한 친구들에게 비하면 감수해야 할 몫이었다. 하지만 뙤약볕에 얼굴을 벌겋게 달구는 하굣길만은 늘 따분했다. 풀잎 하나 미동도 하지 않는 칠월의 오후는 권태 그 자체였다. 까마득한 신작로는 오후 한때를 매양 멀미나게 했다. 귀 따갑던 말매미 소리도 땡볕에 모가지가 휜 고춧대 바라보는 것도 진력이 날 즈음이면 겨우 절반 거리인 집재에 다다랐다. 이때면 으레 목이 마르고 허기가 졌는데 도로가 앵두나 산딸기로는 감질이 났다. 인근 밭 울타리에 보이는 가지나 오이는 우리 시장기를 달래주는 좋은 요깃거리이기도 했다. 고구마를 캤을 때는 다독다독 북을 돋워주는 여유를 잊지 않았다.

더러는 운이 좋은 날도 있었다. 대형 트럭이 우리 지역에서 채굴한 차돌을 싣고 어디론가 끊임없이 날랐다. 하굣길에 어쩌다 그 빈 트럭이 지나면 구세주라도 만난 양 태워 달라 일제히 함성을 질렀다. 앳된 소녀들의 간절함을 외면한 채 쌩하니 지나쳤다가도 어떤 날은 저만치 멈춰 후진해 왔다. 치마를 입은 단발머리 무리가 먼지 속을 헤치며 짐칸에 오르는 일이 부끄러울 법도 하건만 이런 행운이 없었다. 마지막 사람이 다 오를 때까지 진득하게 기다려주는 운전기사 얼굴이 친근해 보이는 날엔 팍팍한 걸음에 적지 않은 위로가 되었다.
　하지만 신작로는 살뜰한 기억만 간직하지는 않았다. 삼 학년이 되면서 친구들은 버스로 통학하는 횟수가 늘어났다. 그날도 모두 차부로 몰려갔는지 아무도 보이지 않았다. 나는 여느 때처럼 빈 주머니에 손을 넣은 채 안개비가 내리는 하굣길을 터벅터벅 걸었다. 그날 따라 적요를 가르며 홀로 우는 뻐꾸기 소리가 애처로웠다. 이때 안개 속을 헤치며 버스가 지나갔다. 무심결에 꽁무니를 바라보았더니 친구들이 내게 쑥떡 먹이는 시늉을 하며 히죽거리고 있었다. 장난인 줄 알면서도 시시덕거리며 모두가 떠나 버린 순간 홀로 남겨진 헛헛함이 못내 서글펐다. 그럴 때면 소로시 눈물이 고였다. 안개는 이전보다 더 짙어져 울컥거리는 나를 에워쌌다.
　그 신작로에는 이제 덜커덩거리는 차돌 트럭도 교복 입은 학생들도 보이지 않는다. 그 길을 걷던 단발머리는 귀밑머리가 희끗희끗한 채 아스팔트 길을 달려 성묘를 간다. 고개마다 산모롱이마다 풋풋한 소녀의 꿈이 영글던 흔적들이 서려 있다. 고달픈 시간이었지만 건들마처럼 설렁설렁 지나버린 세월 앞에 서 보니 그때가 내 삶의 오월이었음을 깨닫게 한다. 뱀 꼬리 같이 아득한 길에는 몽롱한 의식을 더 취하게 했던 찔레꽃 향기가 질펀했고, 철 따라 사운대는 풀벌레 하모니가 가난한 단발머리를 응원했다. 소나무 수관 위로 부는 바람은 바람대로 지친 발걸음을 슬며시 밀어주지 않았던가. 신작로는 바로 외부로 성장할 수 있는 통로요, 희망의 길이었음을…. 언제 하루 날 잡아 찬찬히 걸어보면 청람 빛 그 시절로 돌아가질까.

 요즈음도 이 길을 지날 때면 감색 운동화 아래에서 들리던 '자가락자가락' 소리가 귓전에서 맴돈다.

식탐 수난(食貪 受難)

저녁을 먹은 지 얼마 되지 않았는데 배가 고팠다. 열 시가 넘어서자 눈앞에서 김이 모락모락 나는 찐빵이 강강술래를 했다. 마른 침을 삼키다 기어이 친구를 꼬드겼다. 갈산동 빵집에 갔다 오는데 통금까지 잰걸음이면 무난할 것 같았다.

아스팔트에서 뿜어내던 한여름 열기는 밤이 깊어 많이 누그러져 있었다. 둘은 인도를 따라 부지런히 걸었다. 이따금 쌩하고 택시가 지나갈 뿐 오가는 사람은 드물었다. 그런데도 눈앞에서 아른거리는 찐빵의 유혹을 뿌리칠 수가 없었다. 먼 불빛 속 갈산동은 쉽사리 가까워지지 않았다.

우리는 낯익은 고객이었다. 주인은 늦은 시간에 왔다며 세 개나 더 얹어주었다. 조급한 마음에 솥에서 꺼내주는 야들야들한 찐빵 한 개씩을 게 눈 감추듯 먹었다. 당장 몇 개라도 먹어 치울 것 같았지만 되돌아갈 길이 염려되었다.

거리는 그 사이에 적막 속에 잠겨 있었다. 오가는 사람은 물론 자동차도 보이지 않았다. 우리는 불안감에 휩싸여 집을 향해 뛰다시피 걸었다. 막 갈산동을 벗어날 즈음 별안간 사이렌이 울렸다. 순간 도둑질을 하다 들킨 것처럼 가슴이 뛰었다. 다리도 후들거렸다. 곧이어 앞쪽에서 호루라기 소리가 들려오더니 손전등 불빛이 우리 쪽을 겨누었다. 금세라도 야경꾼이 달려와 덜미를 낚아챌 것만 같았다. 친구가 교회는 스물네 시간 개방하니 그리 피하자 했다. 구세주가 따로 없었다. 다급한 김에 달려간 교회는 뜻밖에 문이 잠겨 있었다.

호루라기 소리가 점점 가까이 들려왔다. 앞뒤 살필 겨를도 없이 길옆에 샛문이 보여 쏜살같이 숨어들었다. 불빛은 이내 가까워지더니 문틈 사이를 뚫고 우리 종아리를 더듬었다. 사정없이 내지르는 호루라기에 소름이 오스스 돋았다. 등골까지 오싹했다. 얼어붙은 다리에 겨누었던 불빛이 한참 만에 멀어지자 막혔던 숨이 그제야 트였다.

정신을 가다듬고 보니 아뿔싸! 우리가 숨어든 곳은 기다란 판재 위 재래식 변소였다. 그때야 고약한 냄새가 왈칵 올라와 코를 막았다. 이 무슨 조화란 말인가. 호루라기 소리와 손전등 빛에 놀라 있을 때는 어떤 냄새도 나지 않았다. 미심

쩍었던지 불빛은 잊을 만하면 돌아와 우리 주변에서 어슬렁거렸다.

그 사이 안에서는 또 다른 전쟁이 시작되었다. 독침으로 무장한 모기가 소프라노로 일제히 환영인사를 하며 이방인을 농락했다. 무엇으로도 대항할 힘이 없는 우리는 영락없는 모기 제물이었다. 따끔거리고 가렵고, 온몸 곳곳이 부풀어 오르기 시작했다. 새끼손톱보다 작은 모기에게 덩치 큰 인간이 속수무책 당해야 하는 것은 견디기 어려운 고문이었다. 통행금지를 어긴 식탐을 녀석들이 조롱하는 것 같기도 했다. 급한 대로 불안감에 몰리던 마음은 다소 해결했지만 밤새도록 치를 전쟁을 생각하니 쫓길 때의 심정에 비할 바가 아니었다.

얼마나 지났을까. 설상가상으로 배 속에서는 번갈아가며 꼬르륵 소리가 났다. 방범대원들과 신경전 중에 그때까지 손에 빵 봉지가 들려있다는 사실도 잊고 있었다. 식욕은 시간과 공간의 구애를 받지 않는 모양이다. 식욕 때문에 고통을 겪으면서도 불빛이 좀 뜸해지자 어처구니없게 그 순간에도 녀석은 은밀한 유혹을 했다. 재래식 변소 안의 농축된 냄새는 이미 마취될 대로 되어 거북함을 잊은 지 오래였다. 눈치 없이 콧속으로 스미는 찐빵 훈김이 얼마나 달착지근하던지.

시장기는 하느님도 못 참을 것이다. 그도 그럴 것이 그때 우리는 돌도 삭일 한창때였다.

배 속이 그득해지자 이제 눈꺼풀이 내려앉기 시작하더니 종국엔 고개까지 절구질해댔다. 몸이 기우뚱거릴 때마다 공포의 황천길이 눈앞에서 오락가락했다. 불가에서는 이곳을 세상 근심을 푸는 곳이라고 한다지만 우리에게는 온갖 두려움이 도사린 생지옥이었다. 무심코 지냈던 삼백예순 날이었는데 그날 밤은 어찌 그리 길었는지 모른다. 숙박비는 일단 몸부터 추스른 다음에 지불하기로 했다.

세월은 무엇이든 삭일 것만 같던 그 식욕을 한 꺼풀 걷어가 버렸다. 부끄럽던 수난도 추억인 양 미소를 짓는 걸 보면 이제 나도 나이를 먹었나 보다.

홍천강(洪川江)

 고대하던 휴가를 맞아 다섯 친구는 보무도 당당히 벼르던 홍천강을 향했다. 세 시간여를 달려온 끝에 진초록 강물을 보자 한껏 고무되었다. 팔봉산 여덟 폭 병풍 아래 보얀 자갈밭이 꿈꾸듯 누워 있는 강은 보기만 해도 자유가 몽글몽글 피어올랐다. 자갈밭에는 벌써 텐트촌이 형성되어 있었다. 일상에 찌든 삶의 무게들이 한꺼번에 녹아내리듯 물놀이의 짜릿함은 그만이었다.
 해가 설핏 기울자 텐트촌에 부는 산골의 바람이 시원했다. 여기저기서 준비해온 성찬에 수저 부딪는 소리가 즐거웠다. 개구리 합창 너머 펼쳐진 은하수를 보노라니 유년의 무대인 양 가슴속 불순물까지 말끔히 정화되는 듯했다.
 아까부터 심상찮게 불던 바람이 점점 거세지더니 언제 몰려왔는지 먹구름들이 자리다툼을 했다. 천둥 번개가 치기 시작하면서 갑자기 바지랑대 같은 빗줄기가 쏟아졌다. 텐트가 금방이라도 뚫릴 것 같았다. 지나는 소나기려니 했지만 오산이었다. 먹구름은 설상가상으로 머리 위까지 내려와 텐트를 통째로 집어삼킬 듯 으르렁거렸다. 수초 간격을 두고 현란한 빛과 귀가 터질 것 같은 굉음은 흡사 삼차 대전이라도 일어난 것 같았다. 텐트촌은 삽시간에 혼란의 수렁 속으로 빠지고 말았다. 우리는 몸에 지닌 쇠붙이를 모두 떼어 내고 텐트 바닥에 납작 엎드려 귀를 막았다.

불현듯 어린 날 사과 서리하던 일이 왜 하필 이 순간에 떠오르는지 모를 일이었다. 단단히 작심한 듯 찢어진 사과나무를 끌고 온 동네를 뒤지던 과수원집 할머니에게 금방이라도 잡힐 것 같던 어느 가을. 바짝 졸았던 죗값에 벼락의 두려움이 엄습했다.

초저녁에 먹은 수박으로 해결할 일이 급한데 모기는 속도 모르고 끈질기게 달라붙었다. 생리현상을 참는 것도 한계에 이르렀다. 하지만 잠시도 틈을 주지 않는 난리 통에 발을 뗄 엄두조차 나지 않았다.

전쟁이 몇 시간이나 진행되었을까. 장대비가 여전히 내리쏟는 가운데 천둥이 웬일인지 숨 고르기에 들어갔다. 그 틈을 이용해 재빨리 나와 시급한 문제를 해결했다. 남들은 그 순간에도 텐트 주변에 배수로까지 파느라 정신이 없는데 우리는 쏜살같이 들어오기에만 급급했다. 그 와중에 창졸간에 해결하고 들어간 이웃의 허물 덩어리를 우리 중 누군가 밟고 온 모양이었다. 갑자기 고약한 냄새까지 합세하여 괴롭혔다. 밤이 깊어질수록 하늘의 불꽃 튀는 전쟁은 이전보다 더 성난 얼굴로 달려들었다. 그때 갑자기 누군가 고함을 쳤다.

"여러분 절대 잠들지 마세요. 밤새 강물이 불면 위험해요!"

가슴이 철렁 내려앉았다. 번쩍이는 찰나를 이용해 내다본 강물은 검은 얼굴로 변한 채 벌써 삼 미터 앞까지 잠식해와 소름이 돋았다. 언제라도 우리를 물귀신으로 만들 것처럼 사납게 출렁거렸다. 이대로 쏟아진다면 텐트촌은 순식간에 떠내려갈지도 모르는 공동운명체였다. 유일하게 피할 수 있는 언덕 위 인가까지는 오십여 미터쯤 되었지만, 누구도 아수라장을 뚫고 뛰어갈 용기를 내지 못했다.

이때 어디선가 찬송가가 들려왔다. 하늘에서 내려온 동아줄을 잡는 심정으로 한두 사람씩 따라 부르던 찬송가는 짧은 순간에 텐트촌을 하나로 묶어 놓았다. 누가 먼저랄 것도 없이 이심전심으로 구원의 손길을 내밀고 있었다. 이는 분명 삶과 죽음의 기로에 선 절박한 절규였다. 두려움과 공포의 분위기는 동아줄 한 가닥에 모든 사람이 매달리는 심정으로 결연했다. 죽음 앞에서 더 선명해지는 삶의 애착이 비장하기 그지없었다. 애끓는 호소도 아랑곳없다는 듯 시커먼 강물은 급기야 이 미터 앞까지 넘보며 혀를 날름거렸다. 얼마 후 무자비한 흙탕물에 휩쓸릴 모습을 상상하니 섬뜩했다. 기도를 모르는 나도 사색이 되어 무릎을 꿇은 채 저절로 손이 가슴으로 모였다. 하느님, 부처님 간절히 비옵나니 철없는 중생 불쌍히 여기시어 부디 살려주소서, 살려주소서…. 그 속에 부모 형제가 스치면서 뜨거운 것이 흘렀다.
　어찌 된 일인지 뇌성벽력이 포문을 멈췄다. 갑자기 조용해지자 귀가 멍멍했다. 휴전인가 싶었다. 그러고 보니 어느새 동녘에는 여명이 밝아오고 있었다. 강물은 온갖 쓰레기를 동반한 채 눈 앞에서 가마솥이 둥둥 떠내려가고 송아지가 몸부림을 치며 격류에 휩쓸려가고 있었다. 서둘러 텐트를 거두었다. 밤새 아무 일도 없었다는 듯 하늘은 새털구름 한 자락이 무심히 흘렀다.
　돌아오는 차 안에서 홍천강을 다시 바라보았다. 황톳물은 아까운 기회를 놓쳤다는 듯 여전히 분노의 전의로 출렁거렸다. 멀리서 봐도 가히 위력적이다. 비로소 살아 나왔다는 안도감에 동동거리던 가슴을 쓸어내렸다.

마음만 들떠 사전지식도 없이 달려갔던 그 여름은 이제 강산이 세 번이나 회랑을 돌았다. 언제 자연 속에서 이다지도 절절하게 나를 낮추었던가 생각하면 절로 겸허해진다. 삶을 덤으로 산다고 여기니 고단했던 마음이 수그러들고 일상이 감사하게 여겨진다. 곱씹어 생각하면 맹목적인 치기로 세상의 두려움이 없었던 내게 하늘은 우회적으로 암시를 던졌는지도 모르겠다. 살아간다는 것은 단순한 것이 아니어서 때론 이처럼 만만하지도, 호락호락하지도 않은 것이라고….

교감 | 빈집 | 도로 잠잠 | 비염(鼻炎) | 맥(脈) | 그녀의 향기
모란 이야기 | 머위 나물 | 동질감 | 거울과 유리 | 어머니라는 이름으로

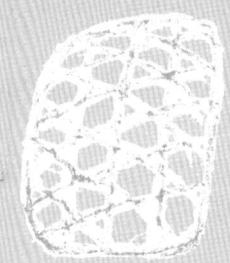

5.
빈집

온종일 비가 오락가락하는 가운데 주인이 사라진 집엔 객들이
부산하다. 늙은 누렁이는 주인의 부재를 아는지 풀이 죽어 토방
구석에 웅크리고 있다. 상가에서 빠져나와 고샅을 걷는 옷자락에서
스산한 바람이 인다.

교감

　녀석들이 다 늦게 부산스럽다. 해마다 설을 쇠면서 앞을 다투던 동란(冬蘭)들이 올해는 삼월 하순을 넘어서야 꽃봉오리를 터뜨린다. 주로 자색을 띠는 꽃들은, 꽃잎에 미색 실금이 선명한 것도 있고 연한 것도 있으며 온통 자색인 것도 있다. 저마다 고아한 향을 뿜는 여섯 분(盆)의 꽃 중 내 시선을 더 오래 붙드는 놈이 있다. 그 녀석을 볼 때마다 애틋한 마음이 앞선다.
　모임이 끝나고 돌아오던 어느 겨울. 사람들이 총총 지나치는 재활용품장 한 귀퉁이에 방치된 난이 눈에 들어왔다. 잎이 두껍고 넓은 보세(報歲) 종류였다. 한 때는 어느 집 문갑 위에서 귀한 대접을 받았을 난의 유배가 자못 쓸쓸했다. 두 촉만 겨우 서 있는 잎은 비틀어진데다 푸른 기운이 사라져

파리했다. 한눈에 봐도 양분의 고갈로 오랫동안 기근에 시달린 모습이었다.

그 모습이 언젠가 지인에게 선물했던 난을 닮았다. 소중하게 키운 난을 들고 꽃이 피면 향기가 좋으니 잘 키워보라고 했다. 그런데 이따금 가보면 푸르던 건강함을 자꾸만 잃어갔다. 시선이 자꾸만 그쪽으로 쏠렸다. 꼭 고이 기른 딸자식이 시집살이에 고단한 모습을 보는 심정이었다.

그 녀석을 보는 듯했다. 사람의 신체는 오랫동안 영양을 공급받지 못하면 스스로 몸의 지방을 태워 생명을 유지한다는데, 녀석도 마지막 사력을 다하고 있는 것 같았다. 엄동설한에 죽어가면서도 꼿꼿한 기개가 절개 굳은 선비 같았다. 나를 향해 생의 마지막 절규를 하는 것 같아 그예 분을 안고 왔다.

윤기가 흐르는 새 친구들에 비해 행색이 초라해서일까. 자신과 비슷한 놈들이 스무 분에 가까운데도 낯선 환경에 어울리지 못하고 겉돌았다. 주인 관심으로부터 오랫동안 외면당해 마음 붙이지 못하는 게 당연한지도 몰랐다.

그날부터 녀석은 내게 생인손이었다. 숨을 불어넣는 게 우선이어서 물주기와 채광에 온 신경을 썼다. 진열대 난들은 분사기로 물을 주었으나, 녀석에겐 정석대로 뿌리에 온전하

교감 211

게 스미도록 분 목까지 물에 잠기게 했다. 오전이면 햇볕이 가장 잘 드는 양지에 두었다가 볕이 강해지면 통풍이 원활한 그늘로 옮겨주는 일이 일상이 되었다. 겨우내 세상은 폭설 피해와 구제역 파동으로 소란스러웠지만 녀석은 매양 그대로였다. 여간해서 미동의 기미가 보이지 않았다. 쇠약해진 생명을 되살리는 일은 요원한가 싶으면서도 믿음을 내려놓고 싶지 않았다. 공연한 걸음이지 않기를 바라는 마음은 잠에서 깨거나 빨래를 걸으러 오갈 때마다 어김없이 그곳에 머무르고 있었다.

지금 당장 눈에 띄게 변화가 없다 하여 일찍이 단념하려 했다면 애당초 거두지도 않았으리라. 세상에 생명이 있는 것치고 온전한 모습을 유지하기까지는 적지 않은 시간과 노력이 요구되지 않던가. 저 뿌리 수분 저장고 어디쯤에 푸른 기운이 조금이라도 밑돈다면 언젠가는 메아리가 들려오리라 위안을 삼았다.

지루했던 겨울이 마지못해 봄에게 자리를 양보했다. 골짜기마다 인정 없이 휩쓸고 간 회오리바람을 농민들은 겨우 추스르며 새 봄을 맞았다. 녀석도 상처가 아문 자리에 새살이 돋기까지는 오랜 시간이 필요했던 것일까. 사월 들어 서서히 생기가 도는가 싶더니 미묘한 움직임이 감지되었다. 건조한 잎에 어떻게 푸른 물을 실어 올릴까 걱정했는데 비틀어진 잎이 차츰 제자리를 찾고 있었다. 잎에 수분기를 머금으면서 탄력이 생기고 있는 게 분명했다. 지난날 상흔에서 벗어나 비로소 생명력이 꿈틀거리고 있었다. 수많은 밤을 뒤척이며 소생하기 위해 잠 못 이뤘을 시간을 생각하니 녀석이 장해 보였다. 생명의 경이로움 앞에 일렁거리는 탄성을 한동안 주체하지 못했다.

이듬해엔 드디어 새 식구도 선보였다. 추레한 모습에서 점차 벗어나고 있었다. 그동안 새 소식이라도 있나 싶어 난석을 헤집던 목마름에 부응하듯 병아리 부리 같은 새 촉이 앙증맞게 돋아나왔다. 이제는 온전하게 둥지를 틀어도 된다고 마음먹은 모양이었다. 생의 팔 할을 잃고서도 눈물겹게 다시 일어선 녀석은 내게 모름지기 삶의 거듭남을 일깨우고 있었다. 베란다는 새 식구의 등장을 환영하듯 초록 활기로 넘쳤다.

벚꽃이 몇 번이나 수선스레 피었다 지기를 거듭했던가. 녀석은 이제 나의 관리를 따로 받지 않아도 될 만큼 의젓하다. 이제는 난 진열대에 올라 동료들과 어깨를 나란히 하고 있다. 굵은 잎이 사방으로 곧게 뻗은 자태는 당당한 기품마저 서려 있다. 게다가 올해는 진초록 호(弧)를 그리는 여백 사이에 제 키보다 더 큰 꽃대까지 솟아 올렸다. 그 대궁에 핀 꽃이 자색 학 무리가 나래를 사뿐히 내린 듯 단아하기 그지없다. 달빛 고요한 밤이면 저들의 속삭임이 아스라한 그리움을 불러낸다.

녀석의 위용이 이제는 나의 시름을 덜어준다. 때때로 인연의 상처에서 헤어나지 못할 때 자신을 보라고 넌지시 손짓한다. 어서 평정심을 찾으라며 초록 기운을 아낌없이 불어넣는다. 내가 젖은 가슴으로 오랜 시간 저를 보듬어 주었듯 내 상심을 어루만지며 의연하라고 다독인다.

때로는 무언의 교감이 열 마디 말보다 살갑다. 어느덧 나는 청량한 기운에 영혼이 말갛게 씻어짐을 느낀다. 볼수록 기특하고 대견한 녀석이다.

빈집

 상여꾼의 만가가 어느 때보다 구슬프다. 언젠가는 가야 하는 길이건만 떠나는 걸음이 못내 무겁다. 가족들의 애끓는 오열 따라 동네 사람도 흐느낀다. 노인들 시선은 더 착잡하다. 훗날 자화상을 지켜보는 심정일 것이다. 팔월 염천도 더 이상 참을 수 없다는 듯 비를 내리기 시작한다.

 농사철에는 서로 안부를 물을 겨를조차 없었다. 부지깽이도 한몫한다는 농번기여서 저마다 잠자고 밥 수저 놓기가 바쁘게 들녘으로 나갔다. 그런 일손을 제치고 마을 사람들은 상갓집 일을 거들었다. 엊그제까지 함께 김을 매던 이웃이 불시에 상여를 타게 될 줄은 누구도 짐작하지 못했다. 몇 해 전 삼복더위에 운명한 아버지 생각에 바라보는 내 마음도 애달프다.

서울에 사는 큰딸은 여느 때처럼 친정어머니에게 안부 전화를 했다. 응답이 없어 들에 가셨을 거라고 여겼다. 이튿날 다시 걸었지만, 그날도 전화를 받지 않았다. 큰딸은 이참에 휴대폰을 마련해 드려야겠다고 생각했다. 사흘째 되던 날도 소식이 없자, 불현듯 불안한 예감이 들어 이장에게 소재를 부탁했다. 농사일에 분주하던 마을 사람들은 뜻밖의 방송에 귀를 의심했다. 온 동네가 술렁거렸다. 너도나도 일손을 멈춘 채 소매를 걷어붙이고 아주머니를 찾기 시작했다. 시간이 흐를수록 행방이 묘연하자 의혹은 눈덩이처럼 커지면서 급기야 온 동네가 발칵 뒤집혔다.

동네에서 멀지 않은 비닐하우스에 이른 사람들은 그만 제자리에 얼어붙고 말았다. 언제 숨을 거두었는지 일하던 차림 그대로 쓰러져 있었다. 게다가 더위로 흉해진 모습에 저마다 가슴을 쳤다. 애처로운 상황에 혀만 찰 뿐 할 말을 잃고 말았다. 애타게 지켜 보던 하늘도 그제야 긴 숨을 내쉬며 참았던 눈물을 쏟아냈다.

"인생 만사 일장춘몽, 북망산천 멀다 마오. 간다 간다 나는 간다."

요령잡이의 애절한 목소리는 사람들 가슴을 흥건히 적시며 벌판으로 퍼져 나갔다. 그 울림은 사람 발소리를 간절하게 기다리던 망자의 호소 같기도 하고, 자식들에게 못 다한 말을 설움으로 풀어내는 핏빛 한 같기도 하다. 덕유산 중턱까지 내려온 먹구름도 생의 마지막 길을 따르는 만장만 속절없이 바라보고 있다.

돌아가신 아주머니는 친정어머니와 한 골목에서 살았다. 비슷한 시기에 지아비를 여읜 두 분은 서로 의지하는 정이 돈독했다. 내가 결혼한 해에 아주머니는 한약 보꾸러미를 들고 우리 집에 오셨다. 막내아들이 이곳에서 고등학교에 다니는데 허리가 아파 한약을 먹여야 한다며 수발을 조심스레 부탁했다. 남동생 친구이기도 한 그 아이에게 한 계절이 다 가도록 정성 들여 약을 데워 먹였다.

이후 가을과 겨울이 열 번도 넘게 지나갔다. 그만 잊을 법도 하건만 내가 친정에 갈 때마다 아주머니는 마늘이랑 참깨 등을 얹어 주었다. 보잘것없는 일을 두고두고 잊지 못하는 인정에 매번 가슴이 따사로웠다.

우리 집을 비롯하여 한 집 건너 빈집인 친정동네 고샅은 이제 서먹하기까지 한다. 젊은이들은 대부분 도시로 나가고 노인들만 남은 농촌. 그것도 혼자 사는 노인이 대부분이다. 육신이 고단한 밤이 오면 촉수 낮은 전구에 하나 둘 불이 들어온다. 화장실 길이나 밝힐 법한 불빛 사이로 언뜻언뜻

쓸쓸함이 일렁인다. 사람이 그리운 불빛이리라. 뜻밖에 찾아올지 모르는 자식들을 기다리는지도 모른다.

산골에서는 이웃이 멀리 사는 자식보다 가깝다. 무심히 건네는 따뜻한 말 한마디가 살갑기 그지없다. 진 날 갠 날 함께 숨 쉬며 늙어가는 것만으로도 끈끈함이 절로 이어진다. 짬짬이 담 넘어 안부를 챙기는 것도 잊지 않는다.

임종한 사람 하나 없이 가신 아주머니. 아주머니를 보내는 마을 사람들은 가슴에 커다란 돌덩이가 얹힌 것 같다. 갑자기 사라진 한 사람 빈자리가 허허롭기 짝이 없다. 뇌경색으로 지능이 어린애가 된 큰어머니는 이때만은 본정신이 들었나 보았다. 자신 좀 데려가 함께 살아달라고 고향에 문상 온 어머니를 붙잡고 통곡하는 바람에 노인들의 눈물샘을 더 자극했다. 큰어머니도 사태의 심각성을 깨닫고 있었다. 그 모습이 자못 진지해 보는 이들의 안타까움을 자아냈다.

큰딸은 임자 잃은 새 휴대폰을 만지며 감정이 다시 복받쳐 오른다. 사람들도 덩달아 목이 멘다. 휴대폰은 주인을 만나지 못한 채 눈물만 함빡 뒤집어쓰고 있다.

온종일 비가 오락가락하는 가운데 주인이 사라진 집엔 객들이 부산하다. 늙은 누렁이는 주인의 부재를 아는지 풀이 죽어 토방 구석에 웅크리고 있다. 상가에서 빠져나와 고샅을 걷는 옷자락에서 스산한 바람이 인다.

도로 잠잠

여명이 밝아오면 제일 먼저 우리 집 고요를 깨우는 소리가 있다. 방학을 맞아 늦잠을 즐기는데 첫 손자 도현이만은 제 시간이면 어김없이 일어난다.

큰애가 방학한 날, 팔 개월 된 도현이를 안고 내려왔다. 고인 물처럼 늘 고요한 일상이 하루아침에 살아나 일렁인다. 석 달 만에 보는 도현이는 그새 갓난아기티를 벗은 데다 탁자를 잡고 일어서는 위용까지 부린다. 아직은 몸이 중심을 잡지 못해 좌우로 기우뚱거리는 모습은 귀엽기만 하다. 게다가 이제는 소리 내어 웃는 일이 예사여서 식구들을 한껏 들뜨게 한다.

냉장고 옆에 숨어 있다 갑자기 "까꿍!" 하며 나타나면 고쪼그만 입에서 "까르르" 신선한 웃음이 터져 나온다. 실로 오랜만에 들어보는 아기 웃음소리에 신명이 난 식구들은 저마다 앞다투어 웃기는 일에 어릿광대가 되고 만다. 대수롭지 않은 행동에도 숨을 몰아가며 웃자 아기를 진정시키기 위해 잠시 멈춘다. 그랬더니 이젠 녀석이 애가 달아 더 기다리는 눈치다. 연방 입을 헤벌리며 사람이 튀어나왔던 공간에 여전히 시선을 고정한 채 여차하면 뒤집어질 태세다. 그 장난기 어린 눈빛을 저버릴 수가 없다. 이번에는 한 술 더 떠 보자기를 둘러쓰고 잠시 침묵이 흐르게 한 뒤 별안간 나타난다. 숨 고를 새도 없이 자지러지게 웃던 아기는 제 어미 목을 껴안은 채 어쩔 줄 모르고 방방 뛰기까지 한다. 어른 아이 할 것 없이 온 집안에 웃음소리가 굴러다닌다. 그동안 아기를 만나기 위해 무던히 오랜 시간을 기다려오기라도 한 듯 우리는 평상심을 잃고 바보로 전락한 현실을 실감한다.

언제 이렇게 많이 웃어 보았던가. 세상에 어떤 일이 나를 이토록 꼼짝 못하게 할까. 온몸에서 졸고 있던 세포가 일시에 활기를 되찾은 듯 생기가 돈다. 세 아이를 키웠던 기억은 까마득하기만 하고 도현이는 갑자기 하늘에서 뚝 떨어진 것 같다. 은쟁반에 옥구슬 구르는 소리가 이만큼 싱그러울까. 아기가 까르르 웃을 때마다 향기로운 꽃잎이 쏟아져 나오는 것 같다. 어찌 들으면 그 소리는 연초록 나뭇잎이 새살거리는 것도 같고, 달리 들으면 종다리 메아리처럼 청아하기도 하다. 초롱초롱하고 맑은 눈을 가만히 보고 있으면 그 천진한 호수로 절로 빨려들어 간다. 태초에 아담과 이브가 살았을 신성한 낙원으로 들어선 기분이다. 그리하여 내 안에 사리고 있던 번잡한 감정들이 흔적도 없이 사라진다. 설익은 탐욕과 집착, 이기와 경계 등이 봄눈처럼 녹아내린다. 분노와 미움이 자리 잡았던 구석까지도 말끔히 씻어 낸다. 그 자리에 어느덧 평안과 감사의 마음이 파릇파릇 자리 잡는다.

그동안 물을 주려 난분을 옮길 때마다 사방으로 뻗은 남천의 가지를 조심스레 피해 다녔다. 다 늦게 단풍이 든 남천이 베란다의 삭막한 겨울을 따사롭게 하기 때문이다. 녀석은 살짝만 흔들려도 잎이 우수수 떨어지는 통에 여간 조심스러운 게 아니었다. 그런데 붉은 잎이 날리는 게 신이 난 아기가 가지를 흔드는 것은 대책도 없이 용서된다. 한 번 흔들 때마다 아껴둔 가을이 뭉텅뭉텅 진다. 그간 공들인 정성이 하루아침에 무너지는데도 수수방관만 하는 나는 아무래도 중증 손자 바보다. 어떤 신비로운 최면에 걸린 것 같다. 이 맹목적인 사랑을 나 자신도 어찌하지 못한다.

귀에 익숙한 동요가 흐르자 아기 입에서 국적을 알 수 없는 언어가 새나온다. 말이라야 고작 '엄마'만 하는데도 길게 소리를 내야 할 때는 나름대로 참느라 미간을 찌푸리기도 하고 어느 소절에는 입이 세로로 커지기도 한다. 분꽃 같은 고 자그마한 입에서 노래가 흐르다니. 아기도 음악이 주는 선율에 감흥을 느끼는 모양이다.

가재도구마다 모서리가 많아 다칠세라 나는 한시도 아기에게서 눈을 떼지 못한다. 그런 사이사이에도 이유식을 만들어 먹이고 목욕도 해주며 사과도 갈아 먹인다. 그런 시간들이 그지없이 신선하다. 묻지도 않았는데 사람들이 손자 이야기라면 어린아이처럼 자랑을 참지 못하는 심정이 비로소 공감 간다.

열흘은 눈 깜짝할 사이에 지났다. 아기가 돌아간 집은 운동회가 끝나 적막이 흐르는 운동장처럼 고요하다. 한동안 뭉게구름 위를 걷는 것 같던 기분이 허전하다. 천장을 떠다니던 웃음소리가 먼 곳의 법고소리처럼 아련하다. 뉴스나 드라마를 함께 볼 때 말고는 남편은 다시 온라인 바둑에, 나는 내 앉은뱅이책상 앞에 앉아 있다. 막내도 제 방에 들었으니 절간이 따로 없다. 풍경도 하모니카도 더는 소리를 내지 않고 잎을 다 내려놓은 남천은 빈 가지만 하늘을 바라보고 있다.

비염(鼻炎)

　모니터 글씨가 부옇게 보인다. 안경을 닦은 뒤 다시 썼으나 얼마 후 역시 흐려진다. 초가을 조용한 오후, 이따금 재잘거리는 앵무새 소란스러움이 오늘은 자장가로 들린다. 약을 먹으면 나른할 것이라던 의사의 말은 그 선을 넘어서 숫제 졸음이 쏟아진다. 의지와 상관없이 내려앉는 눈꺼풀을 애써 치켜뜨려니 머리가 지끈거린다.
　하는 수없이 자리를 털고 일어나 베란다로 나간다. 여름 열기가 지나간 소공원에 다홍빛 바람이 서성인다. 키가 큰 삼나무 꼭대기를 물들였던 단풍이 서서히 내려오더니 비슷한 지점의 옆 나무들도 차례로 물들고 있다. 제각각 키를 가진 나무들에도 나름의 질서가 존재하고 있음이 경이롭다. 자연의 섭리가 저리 정연하듯 인간사도 크게 다르지 않을 텐데 이웃의 말을 무심히 흘려버린 어리석음에 헛웃음이 나온다.

지난해 초가을부터 시작한 약한 감기 기운이 시난고난 떠나지 않았다. 환절기면 으레 찾아오는 손님이려니 했다. 밤이면 목이 좀 아프다가 낮이 되면 이내 회복되었다. 이따금 예고 없이 찾아오는 재채기가 얼마간 콧물을 동반했지만, 딱히 불편할 정도는 아니었다. 일교차 탓이려니 여겼다. 이런 증상이 사라질 만하면 또다시 찾아오곤 해, 어느 사이 나는 길들고 있었다. 아니 무디어져 갔다.

이따금 통화할 때면 상대가 "비염 아니냐?"고 물어왔지만, 태연히 고개를 저었다. 그런 말이 오히려 낯설게 느껴졌다. 아무래도 늙은 전화기 탓인 것 같았다. 그런데 달이 갈수록 참으로 이상한 것은 달포 만에 통화를 하는 사람도, 보름 만에 만나는 사람도 첫마디가 비염 또는 감기냐는 물음이었다. 내 목소리가 그 정도로 이상하냐고 정색을 하면 "아니 어딘가 좀…."이라는 아리송한 말만 할 뿐이었다.

가을이 저물어가자 뜬금없이 눈도 가려웠다. 처음엔 사소하게 여겼으나 갈수록 심했다. 한 번 비볐다 하면 끝없이 문질러야 할 정도로 견디기가 어려웠다. 급기야 토끼 눈이 된 채 눈물까지 고여 외출이 불편했다. 약국을 찾았다.

비염(鼻炎)

건조증과 알레르기란 처방에 따라 인공눈물을 주입했다. 벌써 노인성 질환을 겪느냐는 주변 사람들 농담이 귀를 찔렀다. 혼란스러웠다. 게다가 눈물을 인위적으로 넣어야 한다는 현실에 거부감이 들었다. 하지만 증상이 호전될 때까지 열심히 주입했다. 회복되어 잊을 만하면 가려움증이 다시 도져 끈질기게 붙들고 늘어졌다.

전에 없던 증상들이 하나 둘 나를 붙잡고 놓아주지 않자 생활의 의욕이 점점 떨어졌다. 그러던 어느 날, 늘 들어 익숙한 아나운서 목소리가 거북하게 들렸다. 직감적으로 감기 기운임을 느꼈다. 그때야 비로소 닫혔던 귀가 바로 열리며 지나간 이웃들 말이 가슴에 꽂혔다. 발걸음은 어느새 병원을 향했다.

알레르기성 비염이 깊어지면 눈까지 가렵다고 했다. 아무리 증상이 미미했다 하더라도 한 해가 지나도록 방치했으니 내 둔감이 보통은 넘었던 모양이다. 증상이 심할 때마다 약을 복용하여 완화할 수는 있으나 완치는 어렵다고 했다. 간혹 주변에서 비염으로 성가셔해도 나와는 상관없다고 생각했다. 그런 질환은 결코 걸리지 않을 것이라고 자신하고 있었는지도 몰랐다.

그런데 가만히 생각해보니 내 생의 여름날은 이제 저만큼 지나가고 있었다. 그동안 조용하던 몸에서 소리가 날 수도 있는 시기에 와 있음을 인정하지 않으려 했다. 내 몸의 기능이 아무리 양호하다 하더라도 어느 구석에서 고장 나지 말라는 보장이 없었다. 질서 있게 단풍이 들어가는 저 나무들처럼 나이테가 늘어날수록 건강도 따라서 느슨해질 수밖에 없는 것을…. 탁자에 놓인 약봉지가 경종을 울리며 나를 바라보고 있다.

옷깃을 여민다. 고통을 겪은 사람이 타인의 마음을 헤아릴 줄 아는 아량도 깊다. 다시금 마음을 추스르며 삶의 질서 앞에 점점 낮아지는 자신을 발견한다. 곱다란 단풍나무 아래서면 다 늦게 철이 들 것 같다.

졸음에서 겨우 벗어나자 다시 약 먹을 시간이 다가온다.

맥(脈)

　미륵사지에 들어서자 최근에 복원된 동탑이 청량한 풍경 소리로 나를 맞는다.
　시간의 문을 열고 유물 전시관으로 들어간다. 칠백여 년간 이 땅에 살았던 백제인들의 숨결 소리를 듣는다. 3탑 3금당의 미륵사 가람배치 모형이 세상사 어지러운 마음에 고요한 질서를 전해준다.
　다양한 유물 중 내 눈길을 사로잡은 것은 사리장엄(舍利莊嚴)이다. 얼마 전 미륵사 서쪽 탑을 해체하던 중 세상 빛을 보게 된 유물이다. 석탑의 심초석(心礎石) 아래에서 비밀의 베일에 싸인 채 일천사백여 년의 긴 잠을 털어낸 사리장엄. 유리 부스 안 조명 아래에서 스스로 뿜어내는 금빛 광채만으로도 주위가 환하다. 조신한 자태가 눈길을 사로잡기에 조금도 부족함이 없다. 지난한 세월 속에서도 믿어지지 않을 만큼 완벽한 보존 상태로 고스란히 살아있다.

무엇보다 나의 관심을 끈 경이(驚異)는 사리장엄의 예술성이었다. 부처님 사리가 든 이 유물은 외호 속에 내호가 들어있고 그 속에 다시 유리제사리병편이 일가를 이룬 삼중구조다. 금빛을 지닌 도자기 형상은 뚜껑에서부터 어깨로 이어진 선이 둥근 몸체를 감싸고 있어 매우 힘차고 당당해 보인다. 연꽃잎과 함께 사리 구를 감싸는 인동당초 아래로는 연꽃이 활짝 핀 연화당초가 화려하게 수놓아져 있다. 그 틈새를 물고기 알 모양인 연주문(連珠紋)이 채운다. 명주실처럼 잘고 세밀한 선을 궁굴린 나선형의 유연한 움직임이 비범하여 금방이라도 살아 꿈틀거릴 것만 같다. 어린아이 주먹만 한 몸체에 새긴 섬세하고도 세련된 솜씨가 백제 금속공예의 백미로 꼽아도 가히 손색이 없을 듯하다. 눈앞에서 백제의 찬란한 문화를 온전히 보는 것 같아 온몸에 전율이 인다.

불교 국가인 만큼 사리장엄을 만드는 데는 당시 최고 기술과 재료들이 동원되었으리라. 저리 고운 모습을 빚어낸 장인은 얼마나 많은 날을 헤이며 손안에서 주무르고 다듬었을까. 백제 시대 이야기를 소상히 기억하는 사리장엄. 교감이란 그래서 따스한지도 모른다. 잠에서 막 깨어난 백제는 천

년이란 세월 속에 풍화에 들 법도 하건만 그 시간이 무색할 정도로 단아했다. 백제인 후예인 내 시야를 시종 차고앉아 무수한 이야기를 전해준다. 나는 더는 발을 옮길 생각을 못한 채 국보 중의 국보라 일컬을 동체 앞에서 정신을 빼앗기고 말았다.

 그들은 오늘날 유물이 출토되기를 예견이라도 했던 것일까? 그래서 부디 이 땅에 독보적인 백제 금속공예 명맥이 면면히 이어지기를 기원했던 것일까? 어쩌면 이번에 출토된 유물은 현대를 사는 우리에게, 아니 무왕(武王)이 한때 수도를 정했던 익산인에게 보낸 편지였는지도 모르겠다. 백제의 혼이 담긴 유물이 주문한 뜻을 아무쪼록 간과하지 말고 이곳에 뿌리내리기를 기원했는지도 모른다. 대왕암(大王巖)이 왜구로부터 나라를 지키려는 문무대왕(文武大王) 서원이 서려 있듯, 무왕은 자신의 천도지인 익산에 혼이라도 남아 그 맥을 지키고 싶었는지도 모르겠다.

 그렇다면 보석 가공 산업의 전통을 재창조하는 현재 익산의 모습은 백제와 무관하지 않으리라. 이곳에는 역사 속에 사라져간 백제 금속공예의 맥을 잇고 그 원형을 보존하려 혼신을 기울이는 장인들이 많기 때문이다. 그들은 한 가닥 맥을 잇기 위해 혼이 담긴 세공기법을 오늘도 우직하게 풀어내고 있다. 가공단지를 통한 끊임없는 연구와 개발이 오늘날 보석 산업의 메카로 자리 잡게 하지 않았는가. 일찍이 지방 특화사업으로 조성된 귀금속단지가 외화획득에도 크게 이바지해왔음은 두말할 나위가 없다. 그로 인한 결정체로 규모나 질적인 면에서 세계적인 국내 유일의 보석박물관이 건재한 것도 맥락을 같이 하리라. 그렇다면 그들의 주문을 부끄럽지 않게 잇고 있는 셈인가?

 역사는 오늘도 말없이 흐른다. 훌륭했던 백제 문화가 타임머신을 타고 우리 곁에 다가온 것처럼 오늘의 역사를 후세는 어떤 무늬로 그릴 것인가. 전시관을 한 바퀴 돌고 나오자 동탑에서 들려오는 풍경소리가 예사롭지 않다. 시대를 건너온 소리가 꿈결인 듯 폐사지에 청량하게 흐른다.

그녀의 향기

　바닷물이 빠지고 있었다. 모래밭을 한참 걸어 바닷물 가까이에 이르자 물결 모양의 갯벌이 질펀했다. 발밑에서는 무수한 생명체가 진흙을 뒤집어쓴 채 재빠른 걸음으로 움직였다. 썰물 때를 이용하여 어부는 어부대로 어느새 어망을 설치해 놓았다. 밀물 때 고기가 흘러들기를 기다리는 것이리라.
　질퍼덕한 갯벌 때문에 엉망이 된 신발을 보고서야 되돌아섰다. 모래사장을 한참 거슬러 언덕배기 오솔길로 접어들자 숨이 차올랐다. 잠시 돌아본 바다는 그 사이 밀물로 바뀌었는지 벌써 어망을 삼킨 채 갯벌을 잠식하고 있었다. 때마침 불어온 한 줄기 바람 속에서 바다 특유의 짠 내음이 물씬 묻어났다.
　그녀는 바닷내음 같은 사람이었다. 수필 공부를 하며 서로가 느끼는 정서의 빛깔이 비슷하여 친숙했다. 겹겹이 숨어있는 감정의 결까지도 가늠해 챙기는가 하면, 가슴속 이야기를 조심스레 꺼내도 허물없이 들어주고 다독이는 친구였다. 누구에게나 쉽사리 마음을 열기가 어려운 세태 속에서 그녀는 내게 청량제 같았다. 그런 그녀가 광주로 이사하게 되었을 땐 못내 섭섭했다.

그해 여름, 나는 주변으로부터 입은 상처로 몹시 가슴앓이를 했다. 사람들 모임 안에는 좋은 뜻의 제안을 해도 자신의 정서와 맞지 않으면 배척해 버리고 싶은 심사가 있나 보다. 제안은 다른 의도로 오인되어 모진 화를 당하고 말았다. 내 진심을 아는지 모르는지 침묵으로 이어진 분위기는 나를 더욱 서글프게 했다. 봉숭아꽃이 피었다 지는 여름 내내 주체하지 못할 무게를 짊어진 채 버거운 시간에 허덕였다.

그녀가 뒤늦게 어떻게 알았는지 상처받은 나를 위로하려 애썼다. 아무리 살가운 말로 마음을 감싸려 해도 널브러진 가슴은 황야의 바람처럼 귀 밖으로만 스쳤다. 그녀는 급기야 나와 비슷한 자신의 묵은 상처를 풀어놓기 시작했다. 이제는 엷어졌다고는 하나 담담하게 쏟아내다, 어느 순간 감정이 되살아나는지 목소리가 흔들리기 시작했다. 흐느끼는 친구 아픔이 온전히 내 몸으로 녹아들자 애써 눌러놓았던 울화가 눈물샘을 자극하고 말았다. 그녀에게 아직도 흘릴 눈물이 남아 있는 것은 저리고 아픈 골이 그만큼 깊었음을 헤아릴 수 있었다. 그럼에도 용서하자고 어렵게 마음을 먹고 나니 비로소 마음이 가벼워지더라는 성품이 다시 보였다. 동료들 때문에 앓았던 괴로움을 안으로 삭이며 묵묵히 걸어온 모습이 잔잔한 파도를 일으켰다. 나처럼 세속적인 사람은 미워하는 마음이 쉬 가시지 않을 것 같아 혼란스러웠다. 억울한 생각만 앞서고 용서할 구석은 한 움큼도 들지 않았다. 나도 지금은 힘들겠지만 내가 먼저 마음을 닦아 용서하는 길이 더 현자(賢者)라며 다잡기를 종용했다. 얽히고설킨 일은 훗날 반드시 옳은 길로 갈 거라며.

절실하게 밥을 그리워해 본 사람이라야 배고픈 이의 심정을 이해하듯 그녀는 신산했던 자신의 상처를 통해 나의 생채기를 어루만져 주었다. 낯선 곳에 적응하기를 유독 어려워해 남편이 먼저 자리 잡은 뒤 가까스로 이사한 마당이어서 정붙이기마저 어려운 상황이었다.

그럼에도 삭여지지 않는 응어리 때문에 속앓이를 하고 있으면 그녀는 어김없이 전화하여 내 눈을 글썽거리게 했다. 이제는 좀 비워냈느냐고, 그래서 홀가분해지라고…. 그렇게 통화를 했던 밤은 통 잠을 이루지 못했다. 뜨겁게 얹혀있는 응어리 반대쪽에 용서라는 단어를 올려놓고 밤새 저울질을 하다 보면 새벽이 가까웠다.

　붉은 것을 가까이하면 붉어진다는 말처럼 그녀를 닮아가는 것일까. 미움이 서린 그늘에서는 어떤 씨앗도 발아하지 못할 줄 알았는데 내 속에서는 어느덧 가느다란 연민의 싹이 트고 있었다. 사람 본성은 누구나 선한 것이라고 믿는다. 하지만 사람에게 어쩔 수 없이 이는 이기심 또한 얼마간은 이해를 해야 한다고, 그것은 인간이라면 누구나 가질 수 있는 보편적인 마음이라고 여기니 다소 가벼워진다. 내게 불덩이를 안긴 그리고 어느 한순간 후회와 과실로 얼룩진 양심에 일말의 미안함을 가지지 않았으랴. 그녀의 결 고운 심성에 동화되어 저울은 어느 사이 용서 쪽으로 기울고 있었다. 고단한 여정을 겪은 이의 마음이 넓고 포근함은 홀로 깨달은 내면의 소리를 터득했기 때문이리라. 든 자리는 몰라도 난 자리는 안다는 말이 오랫동안 심상에 남아 메아리친다.

　그녀는 멀리 갔지만 보이지 않는 향기로 존재했다. 눈에 보이지 않는다고 해서 존재하지 않는 것은 아닐 것이다. 발밑에서는 정작 바닷내음을 몰랐던 것처럼 가까이 있을 때 그녀의 진국 같은 향기를 나는 미처 다 몰랐다. 사람이 가고 없는 빈자리가 오늘따라 유난히 크다. 꽃향기가 제아무리 곱다한들 사람 향기에 비할까. 멀리 있어도 영혼의 한 자락을 공유할 수 있는 사람. 먼 데서 실어온 해풍 속에 그녀 향기가 농축되어 있어 애틋함을 불러일으킨다. 오늘은 그녀 목소리가 듣고 싶다.

모란 이야기

  어린이날 새 식구를 맞이했다. 녀석들은 빨간 저고리에 초록 비단 치마를 입고 다소곳이 들어섰다. 동공이 또렷한데다 참빗으로 곱게 빗어 내린 듯 머리에서 꼬리까지 흘러내린 곡선의 자태가 단아하다. 식구들 관심을 한몸에 받는 이들은 '빨간 머리 모란'이라는 이름을 가진 앵무새 자웅(雌雄)이다. 우리는 모란이라 부르기로 했다.
  거실에서 한눈에 보이도록 햇살이 잘 드는 베란다에 자리를 잡아 주었다. 모란은 낯선 환경 탓인지 가까이 가면 나무 둥지 안으로 황급히 숨었다. 수줍은 새색시가 따로 없었다. 보름쯤 지나면서 조금씩 운신의 폭을 넓혀갔다.
  어느 날 장난기가 발동해 탁구공을 넣어주었다. 탁구공이 구를 때마다 공연한 신경이 쓰이나 보았다. 둥지 속에서 고개만 빠끔히 내민 채 갸웃거리며 며칠째 눈치만 살폈다. 한동안 근처엔 얼씬도 못하다 닷새가 지나면서 눈길이 순해졌다. 슬그머니 내려와 쪼아보고는 잽싸게 달아나기를 거듭하던 끝에 탁구공은 차츰 장난감으로 변했다. 고요 속에서 "사그르르" 하는 소리가 들리면 우리는 탁구공을 모는 데 여념이 없다는 것을 알기에 회심의 미소를 지었다.

고요가 머무는 한낮이면 녀석들은 거실 쪽을 바라보며 세설을 늘어놓았다. 필시 가까이 다가와 말벗이 되어 달라는 요청이리라. 때마다 물과 먹이를 챙겨주는 사람이라 친숙한 모양이다. 눈인사로 대충 화답하면 부리를 더 내밀며 채근했다. 녀석들이 흘려 놓은 배설물을 치우기 귀찮다가도 어찌할 수 없도록 만드는 사랑스러움에 어느덧 포로가 된 자신을 발견했다.

늘 분주하던 녀석들이 지난겨울엔 고개를 숙인 채 정물이 되었다. 툭 건드리기만 해도 쓰러질 것 같았다. 노상 수런거리던 소리가 하루아침에 정적을 몰고 왔다. 수소문 끝에 감기임을 알았지만, 딱히 치료방법이 없는 게 안타까움을 더했다. 늦게야 보온 소동을 벌이며 지난밤 방심한 문단속을 자책해 봐야 소용없는 일이었다. 쳇바퀴를 돌리던 깜찍함마저 더는 볼 수 없을 것만 같아 나도 이틀째 잠을 설쳤다. 녀석들은 사흘이 다 가도록 속을 태우더니 가까스로 미동을 보이기 시작했다.

놈들은 언제 앓았느냐는 듯 여느 때처럼 부리로 문을 밀어 올리며 짓궂은 장난을 했다. 저러다 언젠가 일을 내지 싶더니 한 녀석이 그예 일탈을 감행했다. 두 녀석이 처음으로 분리되자 조롱 벽 사이에서 서로 마주한 채 파르르 떨었다. 바깥 녀석이 두세 발 이동하면 안에서도 똑같이 따라가는 모습을 보다 못해 문을 열어 주었다. 놈들은 창가에 나란히 옮겨 앉더니 방충망 너머 넓은 세상에 한동안 정신을 빼앗겼다.

서로 의지한다는 것은 저리 편한 모양인가. 사시나무 떨듯하던 움직임은 온데간데없었다. 기지개를 늘어지게 켜더니 각자 자신의 날갯죽지를 쪼기 시작했다. 그러다 한 녀석이 상대 눈언저리를 쪼아주기 시작했다. 스스로의 부리로는 해결할 수 없는 곳을 대신해 주는 것이었다. 꼬부라진 부리가 날카로워 자칫 눈을 쫄까 조마조마했지만 한 치의 실수도 없었다. 당연한 듯 상대는 눈을 지그시 감은 채 고개를 좌우로 돌려가며 머리로 이동하도록 자세를 취해주었다. 이번에는 쪼아주던 녀석이 상대에게 자신을 맡겼다. 자연스레 역할을 바꾸는 것이었다. 말 없는 미물들의 지혜와 배려가 잔잔한 떨림으로 다가왔다.

 외출에 신이 났는지 녀석들은 베란다의 소철과 난으로 옮겨 다니며 잎을 쪼아 먹었다. 초록 잎에 앉은 빨간 머리 모란의 색상대비가 비할 데 없이 앙증맞았다. 화초들은 이십 년 지기여서 마냥 바라볼 수도 없었다. 바깥은 어느새 해가 지고 있었다. 순순히 제집으로 돌아갈는지 염려되는 가운데 조롱 문을 열어 놓았다. 녀석들은 아랑곳하지 않고 이번에는 빨래 건조대로 이동해 세상모르고 재잘댔다.

 노을이 깔린 자리에 어둠이 고여 왔다. 기온이 내려갈수록 초조해지는 내 마음과 달리 놈들은 태평스럽기만 했다. 저러다 밤새 화초와 빨래를 망쳐 놓을까 봐 조바심도 났다. 배설을 감수할지라도 화초가 없는 거실로 몰아넣을까, 부리에 쪼일망정 강제로 잡아넣을까 머릿속이 복잡했다. 눈은 가스레인지 위의 뚝배기에 머문 채 마음은 줄곧 베란다에 서성이는 사이 모란이 조신하게 조롱에 들어가 있는 게 아닌가. 마땅히 들어가야 할 곳이라는 듯 표정이 태연하기 이를 데 없다. 작고 여린 생명도 저 있을 자리를 알고 돌아가는 본능에 경외심마저 일었다.

 가뜩이나 각박한 세상으로 메말라 가는 가슴에 모란은 촉촉한 윤기를 쏟아낸다. 신문과 방송에서는 경작자가 받을 직

불금을 땅 주인이 가로챘다고 연일 소란스럽다. 때때로 강자의 위선이 약자의 정직을 덮어버리는 세상 속에서 저들의 가식 없는 몸짓은 시름을 잊게 한다. 손자를 기다리는 할머니 마음이 이와 비슷할까. 녀석들 식구가 늘기를 은근히 기다린다.

머위 나물

　도로 옆 길가에 푸성귀가 즐비하다. 할머니들의 좌판 앞을 서성거리는데 오늘따라 머위 나물에 시선이 간다. 우리 식구들은 쓰다고 거들떠보지도 않는 나물이다. 검지만큼 자란 녀석이 오늘 유독 눈에 들어오는 것은 웬일인지 모르겠다. 스무 해가 훌쩍 넘도록 주부 이력이 붙었지만 머위 나물은 내가 사는 채소의 울타리 밖이었다. 밭둑에서 막 베어온 듯 젖은 흙이 드문드문 묻어 있는 것이 솜털까지 보송보송하다. 소쿠리에 담겨 있는 것을 주저 없이 샀다.
　머위는 습기가 있는 곳에 자라는 여러해살이 식물이다. 할아버지의 할아버지 때부터 소반에 수없이 오르내렸을 머위를 끓는 물에 넣었다. 논두렁이나 밭둑 등 흔한 곳에 자생하는 머위의 알싸함에서 고향 냄새가 전해진다. 지금쯤 머위가

파릇한 개울가 언덕에는 봄바람이 너울거리고, 그 아래 여울에는 송사리 떼가 한가로울 것이다. 어머니가 심어 놓은 뒤란의 머위도 저 홀로 자라 친정집을 지키겠다. 그 그늘 사이로 어미 닭을 따라 헤집던 병아리들의 종종거림이 쟁쟁하다. 머위를 보면 부지런한 농부들의 삶이 느껴진다. 겨우내 질박한 흙의 기운 속에서 에너지를 저장했다가 이른 봄이 되면 약속한 듯 여린 순을 내민다. 질곡의 역사를 면면히 이어온 우리 민족의 끈기 같다.

끓어오르는 압력에 냄비 뚜껑이 열리자 머위를 찬물에 거듭 헹구어냈다. 오동통한 보랏빛 줄기와 녹색 잎의 신선함이 은근히 식욕을 돋운다. 된장, 고추장, 고춧가루, 파, 마늘 다짐, 참기름 등을 넣어 조물조물 무쳤다. 아삭아삭하면서 쌉싸래한 향이 된장과 참기름에 어우러져 감칠맛을 물씬 냈다. 기대 이상이었다. 어찌하여 진작 이 맛을 모르고 외면했는지 모르겠다. 분명 쓴맛이 나는데 입은 달아서 침이 고였다. 입맛을 돋우는 데는 쓴 것이 제일이라는 어른들의 말을 나는 미처 이해하지 못했다. 쓴맛에 길드는 내가 다 늦게 철이 드는 걸까. 나름의 독특한 쓴맛이 어느 성찬 못지않다. 단맛이 구미를 더 당길 것 같지만 기실 쓴맛이 이끄는 오묘함에는 견줄 수가 없었다. 미나리, 쑥갓, 취나물 등 제각각의 특유한

머위 나물 243

향을 지닌 봄나물들이 수두룩한데도 나는 오늘 머위 나물에서 느끼는 참맛에 담뿍 매료되었다.

겨울 지나면 봄 오듯 어제가 오늘 같고 오늘이 내일 같은 생활 속에서 마음 한구석에서는 왠지 모를 갈증을 느껴왔다. 달콤하고 자극적인 욕망의 주머니는 잠잠하다가도 문득문득 나를 유혹했다. 더 넓은 아파트, 날개를 단 자동차, 육대주를 누비는 발걸음을 기대하며 부푼 꿈에 사로잡히곤 했다. 우아하고 화려한 삶을 추구하는 꿈은 이상에 지나지 않는데도 욕망은 시시때때로 나를 부추겼다. 그때마다 이상과 현실의 틈 사이에서 내 속은 늘 뒤끓다가 그걸 다독이느라 애를 먹었다. 바람 든 풍선은 매양 저 홀로 떠돌다 이내 현실로 돌아올 뿐이었다. 언제나 그림자만 좇을 뿐 나와는 어울리는 삶이 아니었다.

불현듯 나에게 어울리는 삶은 머위 나물 같다는 생각이 든다. 특별히 꾸밀 것 없이 수수한 그릇에 담아도 개성 있는 맛을 지닌 채 소박한 밥상에 더 어울리는 찬. 다른 반찬에 부담을 주지도 않으며 그만그만하게 어우러지는 나물. 그 모습이 곧 내 삶임을 깨닫는다. 역시 내 입에 맞는 찬은 소탈한 음식이다. 다양한 봄나물 속에서도 고유의 맛을 지녀 서민들의 입맛을 사로잡는 머위 나물이야말로 봄채소 중의 으

뜸이 아닐까 싶다. 아무래도 윤기 사라진 세월이 마음 비워내는 법을 가르친 모양이다. 더불어 입맛도 함께 변했나 보다.

밥공기는 바닥을 보였는데도 수저를 놓고 싶지 않다. 아이들에게 권해보지만, 얼굴이 일그러지며 도리질 친다. 쓴맛이 달다는 내 말을 이해하지 못하겠다는 표정이다. 세월이 훌쩍 흘러 아이들의 등에서도 풀기가 가시면 그때는 이 깊은 맛을 터득할지도 모르겠다. 쓴맛을 달게 알기 시작할 때 비로소 삶이 무엇인지 조금은 알 수 있을 것이다. 서둘지 않아도 되리라.

머위가 조금 더 자라면 데쳐낸 잎에 초고추장 쌈을 싸먹는 맛도 일품이다. 또한, 데친 줄기는 껍질을 벗긴 다음 갖은 양념에 볶아 들깨 즙과 찹쌀가루를 섞어 끓이면 걸쭉한 진국이 완성된다. 여기에 새우라도 넣으면 더할 나위 없는 일품의 머위탕이 된다. 구첩반상이 부럽지 않다. 줄기를 이용한 머위탕은 쓴맛이 비교적 약한 탓에 어릴 적부터 입에 배어왔던 터였다. 이 탕은 뻐꾸기가 우는 모내기 철이 제격이다. 식혀 먹어도 맛이 그만이다. 올봄은 이래저래 소득이 많다.

열어 놓은 거실 문 사이로 바람 한 자락이 밀려든다. 잠자던 풍경의 청아한 소리가 보리밭 위를 날던 종다리의 울음 같다. 창 너머 소공원이 사월의 초록 바람에 한결 짙어간다.

동질감

나흘째 되는 날 항주로 이동했다. 여행 막바지에 접어들자 일행들은 저마다 노곤한 기색이 역력하다.

송성가무장은 그 명성에 걸맞게 규모가 클 뿐 아니라 시설도 대단하다. 의자에 몸을 부린 채 잠시 피곤함을 달랬다. 깜빡 졸았는가 싶었는데 무대에는 공연이 펼쳐지고 있다.

송나라 황제가 회갑을 맞아 연회를 열고 있다. 황제 옷과 무대가 온통 황금빛이다. 동남아 국가 대신들이 축하객으로 도착하여 준비해온 가무를 펼친다. 배꼽이 드러난 옷을 입은 미녀들이 현란한 율동으로 관객을 사로잡는가 하면, 우아한 의상으로 치장한 춤이 시선을 매료시키기도 한다. 객석이 움직이고 무대가 오르고 가라앉으며 관중의 머리 위에도 실제 비가 내리는 등 사실감까지 연출한다.

이어 한복을 입은 무희들이 장구를 메고 <아리랑> 선율에 따라 부채춤을 춘다. 머나먼 이국에서 우리 노래에 젖어들자 가슴을 지그시 누르는 아릿함이 솟아오른다. <아리랑>은 반만년 역사 속에 금수강산의 눈물 어린 한과 민족혼이 서린 노래가 아닌가. 기쁠 때는 더한 기쁨으로, 슬플 때는 한이 서린 가락으로 우리 정서에 녹아있는 어머니 품 같은 노래. 콧잔등이 시큰해지더니 끝내 눈시울이 붉어진다. 객석의 많은 부분을 차지하고 있는 우리나라 사람들중 따라 부르는 이도 있다.
　글썽거리는 눈물을 닦다 무심코 바라본 황제 모습에 시선이 꽂힌다. 그 순간 등줄기를 훑고 지나는 서늘함이 스친다. 역사를 거슬러 올라가면 한때 우리가 중국의 속국이었다는 사실을 지울 수가 없다. 한데 이십일 세기인 지금, 그들을 위해 우리 춤을 공연하는 모습이 썩 유쾌하지만은 않다는 생각이 든 것이다. 단순히 우리나라 관광객을 배려하는 차원이라 여기기에는 어딘지 석연치 않은 여운이 꼬리를 문다. '이들은 우리나라를 여전히 중국 변방에 있는 나라쯤으로 치부해 은연중 과시하려는 것일까?' 생각이 여기에 미치자 진저리가 인다.
　이들은 얼마 전 만리장성이 동쪽까지 뻗어 있다고 발표하지 않았는가. 이는 만주까지 중국 영토였다는 동북공정의 그럴듯한 논리가 숨어 있는 것이나 다름없다. 이들이 <아리랑>을 세계 무형문화유산에 등록하려 한다는 뉴스를 들었던 게 엊그제 일이다. 이리 생각하나 저리 생각하나 개운하지 않긴 매한가지다. '쇼는 그 이상도 이하도 아닌 흥미로만 봐야 하는데 필요 이상으로 확대해석 하는가?' 자문해 보지만 뭔가 자꾸만 끈적끈적 달라붙는 것은 어쩔 수 없다.

속내가 어떠하든 그에 휘말리지 않고 침착하게 대응하면 그만이리라. 살다 보면 입에 맞는 떡만 먹을 수 없듯 때로는 편치 않은 것에 대해 예민하게 반응하는 게 옳은 처사만은 아닐 것이기에. 우리는 우리 자존심을 잃지 않으면 되리라.

연변의 할아버지 아래에서 자라며 우리말을 배웠다는 삼십 대 청년 가이드 김군. 그는 조선족 이세, 삼세들은 소수민족이라는 홀대에 좋은 대학도, 직장도 들어갈 수 없었다고 했다. 우리가 88올림픽과 월드컵을 치른 후 우리 기업 제품이 세계시장에서 날개 돋친 듯 팔리자 비로소 위상이 높아졌다며 자랑스러워한다. 또한 중국에 진출한 우리 기업체로 인해 그들 삶이 나아지자 홀대가 슬며시 사라졌다고 했다. 그래서 진심으로 고맙다며 공손한 인사를 잊지 않는다.

그가 한번은 일본인 가이드 친구를 만나 도쿄 박물관에

갔었다고 한다. 푸른빛을 띤 저 자기가 자국의 걸출한 문화유산이라며 의기양양하여 마음이 몹시 불편했다고 했다. 그 마음은 술자리에서 그예 분출되고 말았다. 우리 고유 유산이 강점기라는 다리를 건너면서 둔갑한 것을 자랑까지 해서야 되겠느냐고…. 친구지만 결코 같은 빛깔로 맞닿기엔 먼 거리임을 실감한 채 불편하게 헤어지고 말았다는 그.

비록 중국에 뿌리를 내리고 있지만 그의 가슴속에도 분명 한민족 뜨거운 피가 흐르고 있었다.

거울과 유리

의사는 치아 사진을 보더니 치료법들을 대충 설명했다. 생각보다 심각한 것 같아 소요될 시일과 비용에 대해 몇 가지 물었다.

어느 사이 입안에서는 쇳소리와 침을 흡수하는 소리가 뒤섞여 요란했다. 의료기가 아린 부분에 닿자 전기충격을 받은 듯 몸이 절로 움찔거렸다. 온갖 신경세포가 날을 세워 몽땅 그곳으로 쏠린 듯 두 주먹에 힘이 들어갔다. 짧은 시간 잠잠하다가도 이내 이어지는 통증은 고문이라도 당하는 것 같았다. 어느 순간,

"아이 피곤하네!"

하고 의사가 퉁명스럽게 말했다. 깔끔이 자르르한 흰 가운에 머리칼 한 올도 흐트러지지 않은 그의 말이 다소 언짢게

들렸다. 환자 앞에서 갖는 예의치곤 불순하다는 여운이 가시지 않았다. 이후로도 여러 가지 치료를 계속해야 된다는 말을 듣고 의원에서 나왔다. 마침 지나는 선배에게 찜찜함을 말했더니 A치과 소문이 좋더라고 했다.

이튿날. 치료에 들기 전에, 오른쪽 사랑니는 통증도 없는데 왜 빼야 하는지 궁금하다고 여쭈었더니 다짜고짜,

"아이 피곤하네, 잠시 쉬어옷!"

하곤 옆 환자에게 쌩하니 가버리는 게 아닌가. 어제도 나를 향한 화살이었음이 확연해진 순간, 환자에게 이리 무례를 범해도 되는 거냐며 일침을 가했다. 마치 치료를 거저 받으러 온 환자 취급 하는 것 같았다. 혹 내 행색이 추레해 푸대접하나 싶어 훑어봐도 그래 보이지는 않았다. 그는, 내가 예민한데다 질문이 잦다며 다른 이들은 일방적으로 따른다고 했다. 환자가 궁금하면 물을 수도 있고 목석이 아닌 바에야 통증에 반응할 수도 있지 않느냐는 목소리가 한 단계 더 높아졌다.

그는 다른 환자를 의식했는지 짐짓 주춤거리더니 마지못해 죄송하다고 했다. 그러나 대꾸하지 않고 돌아섰다. 환자 대기실이 썰렁했던 이유가 그제야 풀렸다. 아무리 아파도 다른 이들은 모두 기계처럼 누워있는지 궁금했다. 치과의 상호

거울과 유리 **251**

가 외래어로 최고란 뜻을 지니고 있어 더욱 속이 울렁거렸다.

  A치과로 가서 불가피하게 사진을 다시 찍었다. 내가 귀찮은 환자인가 싶어 궁금증이 일어도 절제하기로 마음먹었다. 머리를 가지런히 뒤로 묶은 의사는 사진을 보며 손거울을 통해 입 안을 보게 했다. 사랑니는 기능이 부실한 데다 상한 정도로 봐 발치해야 하며, 어금니는 뿌리의 염증 때문에 아팠으니 신경치료를 반드시 받아야 하고…. 순서대로 이를 짚어가며 상태에 따라 어떻게 치료해야 하는가를 차근차근 설명했다. 일목요연하게 알려주자 질문의 여지가 필요할 까닭이 없었다. 나긋나긋한 말씨는 어떤 얘기라도 들어줄 만큼 아량이 넓어 보였다. 주눅 들었던 마음이 슬그머니 제자리를 찾았다. 좀 더 일찍 왔더라면 좋았을 텐데 늦게 와서 안타깝다는 말이 무엇보다 가슴 저리게 다가왔다. 그 살가움이 생채기가 난 마음의 상처를 어루만져 주었다. 자칫 질문했다가 또 어떤 화를 당할지 모른다는 생각은 그야말로 기우였다.

  치료에 들기 직전, 부분 마취가 필요한데 그럼에도 통증이 느껴지면 왼손을 들어 달라고까지 했다. 교만으로 환자를 대한 처사와 비견되는 따스함에 신뢰감이 저절로 갔다. 가뜩이나 얼었던 마음이 한순간에 녹아내리고 있었다. 무방비 상태에서 넘어지는 것보다 예견하고 넘어질 때가 한결 충격이 덜 하다고 한다. 마취할 필요성이 없는 치료 중에는 가까스로 참는 마음을 헤아려,

"조금 아플 겁니다. 이제 잠시 후면 다 끝나 갑니다."

귀빈 대접을 받은 듯 돌아오는 내내 공손한 어조가 귓가에 메아리쳤다.

거울은 자신만 보이기 때문에 자기중심적일 수밖에 없으리라. 자기 손의 거울로 남을 들여다 보려하니 거울 뒤의 환자가 온전하게 보일 리 만무했다. 반면에 유리는 투명하여 자기 모습은 그림자에 불과할 뿐 타인이 선명하게 보이지 않던가. 철저하게 환자의 마음속에 이입되어 소통하기 때문에 거리감 같은 것은 존재하지도 않았다.

말은 내면의 거울이요, 인품을 담는 그릇이라 한 의미가 뇌리 속에서 뱅뱅 돌았다. 의술이란 어쩌면 몸을 치료하는 게 아니라 마음을 치료하는 기술일지도 모른다. 스스로 세우려 하면 할수록 낮아지나 내려놓을수록 높아지는 품격의 진리가 나를 깨운다.

어머니라는 이름으로

얼마 전까지의 늦잠은 호사였다. 오늘도 여명이 밝아오면 어김없이 나를 깨우는 소리가 있다. 생활의 리듬이 갑자기 바뀌니 몸이 쉬 말을 듣지 않는다. 그 사이 소리가 한 옥타브 더 올라간다. 나는 반사적으로 뛰어간다.

큰애가 친정에 내려온 겨울 방학 동안만이라도 편히 머물게 하고픈 마음이 인다. 서툰 살림과 육아에다 일까지 병행하니 해쓱해진 얼굴이 내심 걸린다. 갓난이 때는 밤낮도 모르던 손자 녀석이 고이 자고 일어나는 게 기특하다. 기저귀부터 갈아주고 분유를 먹인다. 밤새 축적된 에너지가 초롱초롱한 눈동자에 서려 있다.

포만감을 느끼자 아기는 분주하다. 싱크대 손잡이를 잡고 불안하게 선다. 열고 닫기를 반복하며 그 속의 화려한 그릇들을 꺼내고 싶지만 여의치가 않다. 가까스로 주저앉더니 현관 쪽으로 바삐 기어간다. 아기가 서서 만지기 좋은 위치에 넝쿨 식물이 무성하다. 잎을 잡을까 말까 망설인다. 녀석은 제법 찬찬해 보이지만 그림자처럼 따라다니는 건 필수다. 아침 식사를 준비하며 틈틈이 아기에게 눈길이 갔으나 몇 이파리가 그새 바닥에 널브러져 있다.

겨우 일어난 식구들이 식사를 할 때 아기에게는 이유식을 먹인다. 숟가락이 가까이 가면 입을 벌려야 하는 것은 어찌 아는지 신통하다. 거실의 탁자 위에서 놀다 내려오려면 앞으로는 엄두가 안 나는 모양이다. 엎친 상태에서 손바닥을 뒤로 밀어 발부터 내려오는 영특함에 아기 볼을 깨물고 만다. 아기 때문에 웃으며 목욕을 해주고 우유병을 삶고 이유식을 만들며, 다시 분유를 먹이다 보면 어느새 어둠이 해를 삼켰다.

날마다 반복되는 일상은 날짜가 흐를수록 신선함이 가시는 반면 타성에 젖어간다. 얼마 전 내려왔던 열흘은 번개처럼 지났었다. 아기와 눈을 맞추며 세월을 잠시 잊다가도 이내 현실로 돌아오면 시계는 마냥 졸고 있다. 모임을 절제하고 약속도 취소하며 외부와의 단절된 시간이 길어질수록 답답함이 밀려온다.

　그 순간 지금까지 아기를 보살펴 오신 사부인이 스친다. 열 달 가까이 아기 바라지를 하는 동안 발이 묶여 갑갑할 때가 좀 많았을까. 더러 지인을 만나 세상 이야기라도 나누면 여유라도 있을 텐데. 해바라기하듯 하루를 오로지 아기에게 헌신했을 시간들이 존경스러워진다. 생활의 패턴을 축소한 부분이 적지 않았으리라. 고작 한 달 가까이 아기를 보살펴 보고서야 하고많은 날을 조용히 품어 안은 넉넉함에 고개가 숙여진다.

　친정어머니 역시 마찬가지다. 일찍이 반려자를 잃은 셋째 딸의 아득함 앞에 외손자의 손과 발이 된 지도 어언 스무 해. 그 아이 지난한 세월을 건너 어엿한 성인에 이르니 어느덧 어머니는 칠순이 넘었다. 그럼에도 방학만 되면 노구를 이끌고 이제는 안양에 올라가신다. 막내아들 내외가 출근하면 천방지축인 손자 둘만 남기 때문이다. 매양 이젠 버거워 바라지를 못하겠다고 하면서도 방학이면 자석에 이끌리듯 노쇠한 발길이 먼저 향한다. 한동안 취침시간이 맞지 않아 애로를 겪는 것은 다반사다. 반찬이나 하다못해 텔레비전 채널까지도 손자들 위주로 맞추다 보니 어머니 영역은 없는 셈이다. 연배가 비슷한 사람이라도 있어 소통이라도 되면 좋으련만 낯선 도시는 그럴 리 만무하다. 오직 방학이 끝나는 날까지 섬 속의 사람이 되어 당신의 모든 것을 내려놓으신다.

맞벌이가 많아지는 세태이니 누군가의 희생이 요구되는 시대다. 손자를 보는 일은 사랑과 헌신의 발로이기도 하지만 이면에는 적지 않은 노고가 수반된다. '손자는 이틀만 반갑다.' '오는 손주 앞이마도 예쁘지만 가는 손주 뒤꼭지는 더 예쁘다.'는 말이 결코 거저 도는 풍문은 아니리라.

그래서 사람들은 "이담에 내 자식이 손자를 키워 달라 하면 나는 못한다."고 호언장담하곤 한다. 한평생 자식들 키워 성가 시키고 겨우 허리 펼 나이이며 잦은 몸의 호소에 병원 문턱을 들락거리는 나이이기도 하다. 그럼에도 막상 현실에 직면하면 기꺼이 끌어안는 어머니로 변하고 만다. 자식의 안타까운 실정에 손사래를 치고 나면 애달픈 모정은 새록새록 눈에 밟혀 잠 못들 게 뻔하기 때문이다. 마음 한구석에서는 부실한 육신이 걸리는데도 당신의 이름을 거두고 세상에서 가장 거룩한 이름, '어머니'로 거듭나고 만다. 세상의 모든 어미에게 자식이란 존재는 숨이 멎는 날까지 안고 살아야 하는 사랑의 끈이다.

나도 그 처지가 되면 냉정할 자신이 없다. 지금 나에게 모든 것을 맡기고 망중한(忙中閑)을 즐기는 저 아이도 먼 훗날 할머니가 되면 오늘의 나와 크게 다르지 않으리라. 어머니의 바라지를 받고 자란 아이가 어느덧 풋내기 어머니가 되어, 앞으로 그 이름으로 긴긴 세월 살다 보면 진정한 어머니가 지녀야할 품성을 갖추리라.

이양선 수필집

2013년 9월 21일 초판 인쇄
2013년 9월 25일 초판 발행

지은이 이양선 │ 펴낸이 김은영 │ 펴낸곳 북 나비
출판신고 2007년 11월 19일 제380-2007-00056호
주소 462-836 경기도 성남시 중원구 광명로 269-7, 201(중앙동)
전화 (02)903-7404, 팩스 02-6280-7442
booknavi@hanmail.net
www.booknavi.co.kr

ⓒ 이양선 2013
ISBN 978-89-993682-48-9 03810
값 13,000원

※ 이 책은 전라북도 문화예술진흥기금 일부를 지원받아 발간하였습니다.
※ 잘못된 책은 바꿔 드립니다.